U0737212

财富路上的逆袭

CAI FU LU SHANG DE NI XI

马银春◎编著

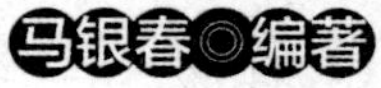

中国言实出版社

图书在版编目（CIP）数据

财富路上的逆袭 / 马银春编著. --北京 ：中国言实出版社，2014.1

ISBN 978-7-5171-0319-6

Ⅰ. ①财… Ⅱ. ①马… Ⅲ. ①私人投资 Ⅳ. ①F830.59

中国版本图书馆 CIP 数据核字（2013）第 301856 号

责任编辑：周汉飞　谷　力

出版发行　中国言实出版社

地　址：北京市朝阳区北苑路 180 号加利大厦 5 号楼 105 室

邮　编：100101

电　话：64924714（发行部）　64924735（邮　购）

64924853（总编室）　68581667（少儿中心）

网　址：www.zgyscbs.cn

E-mail：zgyscbs@263.net

经　　销　新华书店

印　　刷　三河市南阳印刷有限公司

版　　次　2014 年 1 月第 1 版　2014 年 1 月第 1 次印刷

规　　格　710 毫米×1000 毫米　1/16　15.75 印张

字　　数　192 千字

定　　价　29.80 元　ISBN 978-7-5171-0319-6

前言

逆袭是一个热词，财富则是一个高烧不退的大热词。关于财富，人们有说不完的话题；因为财富，青年们被简单地界定为“穷二代”或者“富二代”；伴随着财富，我们这个时代现出比以往所有时候更多的丑闻与谩骂……

有人说，都是财富惹的祸。有人说，金钱是万恶之源。事实上，财富也好，金钱也罢，只是一种人生的高地，一种实现个人价值的通道。在古代，即使拥有再多的钱，是再大的富翁，如果不经科举制的遴选，充其量也只是“富贱”，谈不上富贵。重农抑商，这是历朝历代统治者的共同选择，诸如“农为天下之本，黄金珠玉，饥不可食，寒不可衣”云云，深层次的原因在于统治者害怕商人掌握的财富，成为威胁自己政权的不可测力量。所以，尽可能地打压商人就成为必然的选择。

关于历朝历代统治集团如何打压商人又自欺欺人地与其中一部分媾和，又如何独享天下财富，此处不必赘述。需要说的是，当今时代，“士农工商”的传统排序一去不复返，只要一个人的财富来源合理合法合乎道德，他就是人们心目中的财富英雄。如果再多少知道点“富而好礼”的道理，那么他难保不会成为人们的偶像。

问题的关键是，如何才能在财富路上走出自己的风采？这可是一个真正的难题。历朝历代，古今中外，包括执掌当今世界头号经济强国的奥巴马，不也为失业率过高、经济低迷而头疼吗？

讲奥巴马，不是为了转移话题。相反，我们自家面临的问题也不少，而其中最根本的一条就是中国人长期以来的“不患寡而患不均”的思想。我们或许应该辩证地去看待这句话，勇敢地承认很多现阶段的中国富人或多或少都有的“财富原罪”，而不能简单地把一些人的抱怨视作无能的表现。

这个世界总有不平等，具体到追求财富上面，更是如此。那么多贪官落马，那么多奸商入狱，那么多“富二代”一度比影视明星更能抓住我们的眼球，都从侧面暗示着那条叫作财富的河，有多深，有多浑。

一味地抱怨是没用的，而抨击时弊则是批评家的工作。我们要做的，就是尽可能谋求财富路上的突破。用网友们的话说，就是——逆袭。

从某种角度上来说，逆袭等同于努力。对于普通人而言，这是唯一的路。你的未来，取决于你愿意为自己的未来淌多少汗水。如果不认同这一点，那你就没有必要读下去了。

然而，仅仅有汗水就够了吗？根据我的理解，在很多地区，城市越发展，那些为城市繁华流尽了汗水和青春的人，就越是被一股无形的力量往城市边缘赶。城市的繁华只留给商家。

所以，汗水不是逆袭。

付出了汗水，会获得一定的果实。但若只有蛮干的汗水，这果实就会相当苦涩。汗水没有智慧，就没有灵魂。汗水没有智慧，它就是死海，属于悲哀的死体，没有生机的死水。

有的汗水要流，有的汗水不必流，不必要的汗水有害无益，不值钱的汗水尽量避免。

有汗水，有智慧，是不是就可以逆袭了？答案仍然是否定的。这就需要观照一下那些财富路上的落马者了。他们中的绝大多数人，既不缺白手起家的勇气、毅力及吃苦精神，又不乏灵活机动的头脑。但他们的聪明最终害了他们，正所谓聪明反被聪明误——不用我点名，相信每个读者头脑里都有一串这样的名字。总结起来说，他们都是成功逆袭者。遗憾的是，他们没能一逆到底，最终还走向了那个消极的“逆”字。归根结底，就在于他们忘了先贤的老话——君子爱财，取之有道。

关于“道”，众所周知，它是中国传统文化的内核，很多时候还往往“道可道，非常道”，心知肚明，但难以表述。其实如果把道具体落实到一个点上，它也并不是很难表述。比如财富之道，说白了，它就是指一种恰到好处的关于谋求财富的大智慧。而我们这本书，讨论的就是这些。

必须承认，我并不是一个富翁，也缺乏有普遍说服力的财富影响力，但茫茫人海，每个人都有自己对财富、对人生、对世界的思考。得益于先前的工作和经商经历，我对这一方面的思考难免多些，个中错漏在所难免，更多细节，留待读者朋友斧正！

目录

Contents

第七章 逆流·顺势·借

第八章 不争·自减·舍

第九章 钱袋·脑袋·悟

第十章 心眼·钱眼·正

第

贫穷·羞辱·伤

财 富 路 上 的 逆 袭

1. 伤得起，我们必须伤得起

近来听流行音乐，听出个小规律：许多歌，唱起来琅琅上口，听起来也很给力，但仔细一琢磨歌词，却不是那么回事儿。用新近出炉的流行语来说，就是“毁三观”。比如这首：“伤不起，真的伤不起……”不管原创者的初衷是积极还是消极，至少伴随着这首歌的走红，生活中或调侃或抱怨自己这个“伤不起”那个也“伤不起”的人逐渐多了起来。调侃者自不必提，抱怨者亦没有意义。因为人只要活着，就得受伤。但受伤不是世界末日，受伤了，生活还得继续。多苦、多累、多伤、多痛，都得“硬起头皮”伤得起。

哲学家说：不受挫折，除非夭折。在受伤方面，老天总算公平了一回。然而，这个世界从本质上来说还是不公平的，具体到受伤也不例外。我小时候有两个同学，甲同学走到哪里都是人们取笑、捉弄的对象，这倒不是因为他可笑，而仅仅是因为他家里穷，穷到了全村倒数第一、谁都可以随便踹一脚的地步；而乙同学走到哪儿都像个黑社会老大，不仅同龄人前呼后拥，连一些比他大的孩子也听他的，这也并不是因为他长得有多伟岸，或练过什么传男不传女的武功，而仅仅是因为他爸是村里的治保主任兼唯一一家小卖部的老板。因为家里相对有钱，从孩子阶段，同学们就不自觉地围着他转，有些人直到今天还在围着他转，虽说不上唯命是从，毕恭毕敬，但总给人一种电视剧中自称“咱家”那类人的感觉。

以往，我特别瞧不起这类人。直到最近，我才发现我错了。人家不是势利，人家那叫“尊重财富”！当然，如果有人因为贫穷被伤了自尊，那也不是个别人的素质问题，而只是财富惹的祸。

因为贫穷，所以受伤，这几乎是一条颠扑不破的铁律。进一步讲，贫穷本身其实就是一种伤害。贫穷总是伴随着一系列影响生活、生存、生命的负面问题。如果可以选择，没有人愿意生活在贫穷中，这是趋利避害的人性所决定的。所以，面对财富和人性的伤害，我们不仅要做到伤得起，还要尽自己所能，早日走出这种伤害。那么，致富就是唯一的办法。

不过致富的过程也是一个不断受伤的过程。这个世界上不乏幸运儿，有些人只谈了一次恋爱就能白头偕老，有些人一生下来就是富二代，但千锤百炼的情圣、白手起家的富翁和各行各业屡败屡战最终战胜了命运的成功人士，古今中外都不鲜见。而他们的共同点就是——伤得起。

有着“中国第一打工仔”之称的刘延林的早年经历就很有说服力。

刘延林是四川人，小学四年级时，他因为交不起两块钱的学费而辍学，当年便跟着姨父一起北上河南讨生活。在砖厂干了一年，年底姨父只给了他七十块钱，这令刘延林“很受伤”。第二年，刘延林便撇开姨父，带着一个比他还大四五岁的“徒弟”再闯河南。可两个半大孩子只干了小半年，“徒弟”就受不了苦，回了老家。刘延林则一路流浪至福州，在当地的建筑工地上，他一干就是两年，但除了学到些粗浅手艺，依旧没挣到钱。

1981 年，刘延林回到老家，借钱买了一辆摩托车，做起了贩猪的生意。因缺乏经验，生性又很豪爽，有钱就借，有货就赊，有便宜不占，有亏他担，风光了没多久，他便欠下一屁股外债。时间长了不还，债主们便堵着屋门骂。为了躲债，刘延林经常一个人跑到田里，一边转悠，一边喃喃自语：“刘老二呀刘老二，你真的完了吗？难道硬是被人看死了？”

不想被人看死的刘延林，在一个阴雨绵绵的早晨踏上了“逃亡”路，全部盘缠是砍了自家一棵老树卖得的九块两毛钱。他扒火车南下广州，在车站转悠了三天，九块两毛钱很快精光。在被饿昏之前，他发现一家机砖厂正在招工，二话不说便进了厂。在砖厂，实干加巧干的他深得老板的器重，很快便被提拔为小班长。不久，老板在邻县开了一家分厂，把原厂交给刘延林承包、管理，18岁的刘延林摇身一变成为包工头兼“白领”。两年时间，他挣得了一笔在当时堪称巨款的资金，于是他顺理成章地炒了老板的鱿鱼。

没多久，刘延林来到紧邻深圳的惠阳县淡水镇，适逢当地有个濒临倒闭的砖瓦厂意欲转让，刘延林听说后赶紧联系了两个老乡和一个本地人，每人出资5000元，盘下了砖厂，合伙经营。但做上老板后，砖厂却一连几个月亏本，三个合作人先后失去信心，纷纷要求撤资。刘延林非常生气，伟大的长征刚开始，怎么能打退堂鼓？但他干生气却没辙，而且由于他是法人代表，法院最终把砖厂判给了他，限他一年时间偿还所有债务与合伙人的本金。

虽然背上了巨债，但也没有人掣肘了。刘延林开始放手管理，堵塞漏洞，同时静待良机。不到半年，改革开放的浪潮便席卷至淡水，各种建材价格一涨再涨，一年前四分钱一块卖不出去的红机砖，迅速升至三毛多一块，且供不应求。到年底，刘延林不仅还清了所有债务，还净赚了十多万！此后，他日进斗金，几年时间便拥有了数百万资产。

1988年底，刘延林无意中听说惠阳县县城要迁到淡水。他马上意识到：淡水的地价要涨！于是他果断将数百万元一股脑儿地投入房地产。仅仅一年半，他以17元/平方米买下的几百亩地便发了疯似的上涨至200元/平方米，刘延林果断出手，将几百亩土地变现为上亿资本，然后重归实业领域。那一年，他刚刚 28 岁。

刘延林的成功，很大程度上得益于当时改革开放的大好形势，也得益于广东作为中国经济发展桥头堡的便利条件，即古人所说的天时与地利。同时我们可从侧面看出，刘延林在“人和”方面做得也不错。然而天时、地利与人和都不是他成功的主要因素，他身上最可贵的品质，同时也是很多创业者所缺乏的品质，便是不愿意被人看死，不想就这么完了，并为此付出不懈的努力。用网友们的话说，他就是个“打不死的小强”。不要以为这是贬义词，台湾著名企业家郭台铭也曾说过，他在创业前期，靠的就是“有蟑螂一样的生存能力”。

天地万物，生存而已。但具体到人类身上，生存与生存也大大不同。有些人，习惯了逆来顺受，于夹缝中卑微地生存；有些人则喜欢满身伤痛也满怀豪情地生存，死，也要死在奋斗的路上！这并不仅仅因为他们伤得起，而是因为他们懂得：人，怎么死都可以，唯独不能窝囊死；人，怎么活都行，唯独不能苟活。

2. 苦难是化了妆的祝福

有这样一个小笑话：

古时候，有个国王要为美丽的公主选驸马，很多年轻人前往碰运气，到了皇宫却失望至极。因为驸马不是那么好当的，国王规定：未来驸马必须从一个养着几条鳄鱼的池子中游过去，以证明自己的勇敢。正当所有人都吓得连连后退时，只听“扑通”一声，有一个小伙子跳进水池，并以惊人的速度向对岸游去。还没等池里的鳄鱼反应过来，他已经安全上岸。人们兴奋地围拢上去，向他祝贺，年轻人却在人群中破口大骂：“是哪个王八蛋把我推下去的？”

这个小笑话说明了什么呢？说实话，原本什么也没说。它就是个小笑话，逗人一乐而已。只是很多人喜欢把它与一句经典格言扯到一起，然后简单地告诉人们“苦难即是赐予”。

苦难就是赐予吗？我不那么认为。世上受苦受难的人那么多，苦难赐予了他们什么吗？苦难只赐予了他们苦难本身。所以说，苦难充其量是种化了妆的祝福。正如生活中的大多数祝福最终都会落空一样，现实世界中也只有极少数人能超脱苦难，奔向幸福。

有必要指出，出身贫寒并不等于苦难，但身为富二代绝对是一种相对的幸福。如果能选择，没有人愿意做穷二代。毕竟，富二代不用一放学就去打猪草，不需为每个月的生活费忧心忡忡，不必为一朵玫瑰发愁犯难……但就像故事中被人推下水的小伙子一样，出生在哪里、有没有一个有钱的老爸，根本由不得自己做主。在这个金碧辉煌的财富时代，贫穷所造成的伤害，也丝毫不比某些苦难更差些。

这么说来，人生还真有些命运的成分。但即便真有命运，我们也没什么好悲哀的。别忘了，我们还可以改变命运。不管是不是真正意义上的苦难，也不管苦难究竟意味着什么，要紧的是，学会为自己祝福。

著名作家毕淑敏在一次演讲中说道：“人生一定是会有苦难，我们无法预知。你越是有抱负，有理想，承担很多很多的责任，要去建立常人所未曾建立的功勋，你就越要做好准备，遭遇到比常人更多的苦难。苦难不会自动地转化为动力。并非苦难越多，动力越强。苦难究竟会转化为什么东西，取决于我们怎样看待它。在苦难面前，是把它化作动力，还是把它当做一种借口，甚至因此得出人性恶的结论，去报复这个社会——我在遭受苦难，为什么有人却是如此的幸福？怎样看这样的问题？可能需要一个积累，不是一个简单的等式。”

据说，“吃苦就是吃补，吃苦就是了苦”。我同样不这么认为。吃苦更多的时候是一种无奈，没有人发自内心地愿意吃苦，吃苦同样不能与了苦画等号。吃过苦的人，在面对幸福时，或许会比没有吃过苦的人有更深的体会。但这同样要以获得幸福为前提。所以我认为，吃苦的唯一现实作用，就是让人明白苦不好吃，必须尽快脱离“苦海”。否则，苦便没完没了。

我们来看一个案例：

赖东进是台湾地区第 37 届“十大杰出青年”之一，在一次座谈会上，他向人们讲述了自己的故事：父亲是个盲人，母亲也是个盲人，而且弱智，除了姐姐和他，几个弟弟妹妹也都是盲人。瞎眼的父亲和母亲只能当乞丐，全家人住的是乱坟岗中的墓穴。赖东进一生下来就与死人的白骨相伴，刚会走路就与父母一起去乞讨。

9 岁那年，有个好心人对赖东进的父亲说：“你应该送儿子去读书，要不他长大了还是要当乞丐。”父亲便想方设法把赖东进送进了学校。他的办法非常残酷，让 13 岁的姐姐到青楼去卖身！姐姐走后，赖东进一边上学，一边还要照顾瞎眼的父母和弟妹，但他从不缺课，品学兼优，每天一放学就去讨饭，回来喂给父母吃。

后来，赖东进考上了一所中专学校。再后来，他获得了一个女同学的青睐。可未来的丈母娘却说，“天底下找不出他家那样的一窝人”，把女儿锁在家里，用扁担把他打出了门……

最后，赖东进提高了声音说：“可是，我要说，我对生活充满感恩的心情。我感激我的父母，他们虽然瞎，但他们给了我生命，直到现在我都还是跪着给他们喂饭；我也感激我的丈母娘，是她用扁担打我，让我知道要想得到爱情，我必须奋斗，必须有出息……我还感激苦难的命运，是苦难给了我磨炼，给了我这样一份与众不同的人生。”

用老百姓的话说，赖东进真是个好样的。他的言与行都令人感动，同时令我汗颜。无论如何，都要做冬天里的一把火，而不是冬天里的一团雪。但他的话并不完全正确，我们有必要纠正一点——不是苦难给了他磨炼，而是他赋予了苦难积极的意义。苦难磨炼一些人，也毁灭另一些人。苦难能够锻炼人，但它只锻炼坚强的人。

3. 羞辱是最好的滋补品

“这个家伙的愚蠢，在他的眼睛上表露无疑。那对眼珠，有一半陷入上眼皮，如牛看天，又像狗在小便……”

——如此恶毒的语言，是在侮辱谁呢？

是日后鼎鼎大名的法国小说家莫泊桑。

“你的小说荒诞绝伦，与精神病人的梦呓别无二致，且情节安排上纠缠不清……但你居然厚颜之至，要求出版此书，我对此大为惊讶。我看不出出版此书有何益处，建议将手稿埋入地下1000年。”

——如此史无前例的评语，又是在抨击谁的大作呢？

是日后蜚声国际的美国后现代派小说家拉迪米尔·纳博科夫的成名作《洛丽塔》。

“他是个疯子，不可理喻，我不知道这世上还有比他更蠢的人。”

——这又是在攻击谁呢？

是大画家梵高。

这个世界上总有一些人，长了一条舌头，不干别的，只为伤人；这个世上也总有一些人，因为起点低，出身差，却走了一条在某些人看来不该走的路，或者仅仅是出现在了他们的毒舌攻击范围内，便招致了各色令人难以承受的羞辱。

金钱是最俗的东西了吧？但这东西造成的羞辱也最多。中国人常说，“狗眼看人低”，说的就是在中国，只要你没钱，就一定有人看不起你。如果你在没钱的同时还有点儿理想，那你所能得到的待遇大致与当年领导大泽乡起义的陈胜差不多。当然，你不发诸如“苟富贵，毋相忘”之类的豪言、老老实实辍耕于垄上也不行，那样，他们只会笑话你一辈子。

这一规律也不单单适用于中国人，美国石油大王洛克菲勒的早年经历就证明了这一点。洛克菲勒曾在一封家信中写道：

我的儿子，你或许还记得，我一直珍藏着一张我的中学同学的多人合影。那里面没有我，有的只是出身富裕家庭的孩子。几十年过去了，我依然珍藏着它，也珍藏着拍摄那张照片时的情景。

那是一个下午，天气不错，老师告诉我们说，有一位摄影师要来拍学生上课时的情景照。我是照过相的，但很少，对一个穷苦家庭出身的孩子来说，照相是种奢侈。摄影师刚一出现，我便想象着被摄入镜头时的情景——多点微笑、多点自然，帅帅的，甚至开始想象着自己跑回家如同报告喜讯一样告诉母亲：“妈妈，我照相了！是摄影师拍的，棒极了！”

我用一双兴奋的眼睛注视着那位弯腰取景的摄影师，希望他早点把我拉进相机里。但我失望了。那个摄影师好像是个唯美主义者，他直起身，用手指着我，对我的老师说：“你能让那位学生离开他的座位吗？他的穿戴实在是太寒酸了。”

我是个弱小的还只懂得听命于老师的学生，我无力抗争，我只能默默地站起身，为那些穿戴整齐的富家子弟制造美景。在那一瞬间，我感觉我的脸在发热。但我没有动怒，也没有自哀自怜，更没有暗怨我的父母为什么不让我穿得体面些，事实上他们为了能让我受到良好的教育已经竭尽全力了。看着在那位摄影师调动下的拍摄场面，我在心底攥紧了双拳，向自己郑重发誓：总有一天，你会成为世界上最富有的人！让摄影师给你照相算得了什么！让世界上最著名的画家给你画像才是你的骄傲！我的儿子，我那时的誓言已经变成了现实！在我眼里，侮辱一词的词义已经转换，它不再是剥掉我尊严的利刃，而是一股强大的动力，排山倒海，催我奋进，催我去追求一切美好的东西。如果说是那个摄影师把一个穷孩子激励成了世界上最富有的人，似乎并不过分。

洛克菲勒的故事，不仅说明了外国的狗眼也看人低，也说明了羞辱这种东西并非一无是处。对陈胜、洛克菲勒这样的强者来说，笑话即赐予，侮辱即动力。同样，如果你善于把与贫穷有关的种种羞辱、刺激转化为追求财富的正能量，而不是在别人的冷嘲热讽中一味地感慨、感叹、感伤，你其实已经拥有了人世间最宝贵的财富。这种心气儿，用流行语来说是一种伟大的正能量，能让你扛住人世间最恶毒的攻击，并最终用自己的成功给他们一个无声却又无比响亮的耳光！

羞辱是最好的滋补品，每个人身边都不乏类似的例子。想当年，我的一个邻居去天津投奔几个朋友搞建筑工程，去时兴高采烈，仿佛他已经是某大建设集团的董事长，但没到一个星期，他便铩羽而归。此后一连数月，每次闲聊时他都不忘挖苦那几个朋友几句：“说什么‘办公室’，其实就是个出租屋，还不如我家的牛棚，里边支着个坑坑洼洼的办公桌，要不是垫着块烂玻璃，都没法儿写字儿！做饭连个煤气灶都没有，就支着三块砖头，到工地上拾点劈柴，上边架个锅，连个锅盖都没有！吃什么？那是相当的丰盛啊！每次炒一锅土豆，再炒一锅茄子，放到四个盘子里，美其名曰‘四个菜’……”他一边说一边笑，旁边听的人也跟着笑，但一年后，他不说也不笑了，因为他那几个朋友居然在他的讽刺声中发了大财，越做越红火。他想及时入股，却被拒之门外。一个有点儿损的朋友回敬说：“你还用得着干这个？赵本山退休了，你应该接手中国的二人转事业！”

说到羞辱，厚道的先贤们总是教大家包羞忍辱，厚德载物，其实做个有境界的人固然重要，但只有在忍辱的基础上更进一步，也即忍辱负重，顶着别人的伤害，赢得别人想都不敢想的成功，那些长舌妇、毒舌男们才会像我的邻居那样，下意识地收起自己聒噪的舌头，还世界些许清静。

4. 用眼泪为自己壮行

有这么一个演员，如今星光熠熠、万众瞩目，很多娱乐圈中人都想借他上位，但出道之初，他却怎么也不红。他还是个典型的硬汉型演员，他塑造过的英雄形象至少有几十个，鲜为人知的是，这位大英雄当年落魄时也曾几度落泪。比如有一次，他想方设法请到著名武侠小说大师古龙先生喝酒，求古龙写个剧本给自己。没想到他左一杯、右一杯地敬了“古大侠”半天，“古大侠”却喝高了，酒后吐真言道：“我怎么会给你写剧本呢？我要写也得找个好看点儿的……”话没说完，他已跑进洗手间，抱着同事哭得泪流满面。

后来，他在《艺术人生》中说，这件事让他耿耿于怀很多年，但他并没有生气，相反还要感谢那些伤害过他的人。因为不是他们的话，他不会努力，更不会有今天。他，就是我们熟知的成龙。

另一著名演员邓超也有过类似的经历。据邓超在一次节目中说，他曾经在北京地安门附近租住过一间违章小棚子，条件非常艰苦，推开门就是床。冬天屋子漏风，所有液体都结冰，邓超只好把头捂到被子里。在最寒冷的时候，他的牛仔裤在屋外晒一晚能冻到折断。为了御寒，他找到附近的废品收购站，讨了些海绵垫子，剪成条一条条地往墙缝里塞。但这些都还能忍受。多年后回忆起来，人艺面试失败的当天晚上，是他最难过的一晚。那天，他走出人艺就在附近的小卖部买了瓶二锅头，回到出租房，本想痛痛快快地哭一场。无奈有朋友在，怕被人看到，他只好一个人拿着酒瓶，坐在外面的马路牙子上抹眼泪……

眼泪是种见不得人的东西——在成龙、邓超及大多数男人的概念中都如此。用古人的话说，男人流血不流泪。所以，他们有了眼泪，只能往洗手间跑，只能坐在偏僻的马路牙子上。

这种男人独有的坚强，唯有男人能懂。然而，上帝既然创造了泪腺，生活又总是不断地刺激它，我们为什么不能流泪？流泪是一种正常的生理反应。流泪也不等于软弱，它是一种真情流露。只有那些铁石心肠的人，才不会流泪，才无泪可流。

我们都是伴着哭声来到这个世上的。我们为什么不能在伤心、痛苦的时候哭一哭？当一个人痛苦时，连泪水都没有，那不是身体出了毛病，而是心理出了毛病。

所以说，眼泪并不是弱者的象征。

男儿有泪不轻弹，只因未到伤心处。很多成功人士并不忌讳自己曾经泪洒伤心处，只有真正软弱的人，才会想方设法营造坚强的假象，遮遮掩掩，欲盖弥彰。

新希望集团总裁刘永好曾经在电视上讲述过自己兄弟四人的创业史，他说："我们刚开始决定从农村最常见的养殖业入手。万事俱备后，只差良种鸡蛋。这天，我收购了200个鸡蛋，回家时已是晚上11点多了，沿途一片黑暗，路上突然窜出一条狗，扑到他的脚后跟上狠狠咬了一口，刘永好疼痛难忍，连人带车摔倒在路边的泥潭里，200个鸡蛋登时碎了199个，我站在泥潭里，捧着仅剩的一个鸡蛋哭了。我身上湿了不要紧，要紧的是我车里的鸡蛋只有1个是好的。我哭了，一个鸡蛋害得我哭了！这是我的全部家当啊！我发现旁边有一块砖头，抄起来就去追狗，但狗比我跑得快，反倒把自己的脚给扭了。"

如果你的全部梦想、全部身家同样只剩下一个鸡蛋，相信你也会哭。可是光哭没有用，否则财富榜上的NO.1应该是林黛玉小姐。生活不相信眼泪，你可以不压抑地活着，但哭过之后，坎坷还是要走，因此，我们应该让每一滴泪都溅出豪情，用自己的泪为自己的前程壮行！

男人哭吧不是罪，不过，哭完、发泄完，该干什么还得干什么。

在一本关于新东方教育集团创始人俞敏洪的畅销书中，作者写道：

有一次，新东方一位员工在贴招生广告时被一个竞争对手捅伤。这件事让俞敏洪意识到自己"在社会上混"，应该结识几个警察。通过报案时那个仅有一面之缘的警察，他成功地将刑警大队的一个政委约了出来，"坐了一坐"。但他当时远不像今天这么能说会道。为了掩饰内心的尴尬，发泄创业的苦闷，他光喝酒不吃菜，最后直接喝到了桌子底下，人事不省，在医院抢救了三个多小时才醒过来。他醒过来喊的第一句话是："我不干了！"

一个员工把俞敏洪从医院背回了家。路上，他伏在员工背上一边哭，一边撕心裂肺地喊着那句话："我不干了！再也不干了！把学校关了！我不干了！"喊得沿途的人都看他。晚上七点，酒醒了，他又像往常一样，背上包上课去了。

后来，俞敏洪在一次演讲中说："新东方有一个运动，叫徒步50公里。任何一个新东方新入职的老师和员工都必须徒步50公里，未来的每一年，也都要徒步50公里。很多人从来没走过那么远的路，一般走到10公里就走不动了。每次我都会带着新东方员工走，走到一半的时候，肯定会有人想退缩。我说不行，你可以不走，但是把辞职报告先递上来。当走到25公里的时候，你只有三个选择：第一，继续往前走；第二，往后退。但当你走到一半的时候，你往后退也是25公里，还不如坚持往前走呢！第三则是站在原地不动。我们知道，他不可能原地不动，所以他只能咬牙跟上。同样的道理，在人生旅途中，停止不前还有什么希望呢？"

的确，人生路上每一滴泪，都孕育着一株财富。但它能否开花结果，还取决于我们能否咬牙跟上。

5. 爱情向左，婚姻向右，财富居中

“生命诚可贵，爱情价更高。若为自由故，两者皆可抛。”

——与很多东西相比，金钱都显得很不值钱。

理论上，它也应该不值钱。但实际上，尤其是在当今时代，这个理论似乎越来越经不起检验。从都市到乡村，从欧洲到非洲，从大气层到外太空，没有一件事情不与金钱挂钩。许多原本无价的东西，如爱情等，现在都开始以各种“你懂的”形式明码标价，且非诚勿扰。

怎样才算诚呢？怎样才能扰呢？开着你的宝马，揣着你的票子，或者其他可以证明你是个“富二代”的招牌。剩了很多年的美女，或新近出炉的帅哥，一定会对你抱以迫不急待的甜美微笑。

别怪他们，爱情不是他们想买就买想卖就卖，这实在是经济腾飞刺激起来的庞大市场需求所决定的。有人需要，有人肯卖，管又管不过来，凭什么不让人卖个好价钱？

爱情不该成为交易，但爱情从来不曾远离金钱。对此，卢晓刚先生的《说钱》一书中有一段很棒的调侃：

商王武丁，宠爱他的女人，在她死后用一大笔钱随葬（贝币6680余枚）。这说明，自古以来爱情就有价。

谈到这里，也许有人会问：“我是80后，是现代人，跟你那些陈芝麻烂谷子有什么关系？”

哦？你再说一遍。

听着，我问你：你跟你最亲爱的人在亲热的时候，激情耳语

时，你叫她（或者他）什么？

“宝贝！我的宝贝儿啊！”——是不是？

什么是“宝贝”？宝贝就是热带海洋里的单壳贝类。这不就是古代的钱吗？

宝贝，就是贝币，是那种又大、又饱满、又漂亮的商品级贝类。那你不就等于在喊：“钱啊！我的钱啊！”

好，算你狠，你不用中文，用英文：“我的 baby 啊，我的 baby！”那我听着更直接了：“我的‘贝币’啊，我的‘贝币’！”

别笑。爱情真是无价的吗？跟金钱无关吗？无关怎么会扯出“宝贝”来？

当然，这只是一段笑谈。事实上，历史上及现实中都不乏与金钱无关的爱情。但人不能总是谈爱情。爱情是一种虚无缥缈的东西，它终究要落到实处，即婚姻。如果你谈的只是爱情，你可以不食人间烟火，什么门户，什么当与不当、对与不对，谈恋爱的人是不论这一套的。爱情只需两个人在一起觉得快乐就行。但一旦爱情发展至谈婚论嫁的地步，就不行了。婚姻是以物质为基础的。尤其是在中国，婚姻的主角甚至都不是一对新人，而是她们身边的亲人。要不，大家为什么都把嫁女儿称作“找婆家”？

不能怪某一个人，某一些人，只能怪人类发明了金钱这一衡量人世间万事万物的标杆。“贫贱夫妻百事哀”，即使没有人给一对财富现状令人不满的情侣使绊子，让他们在贫穷中携手度过一生，在他们自己想来，恐怕也是一件极为可怕的事。

这一点，诚如新东方创始人俞敏洪在一次演讲中所说：“我发现女人的温柔与男人的有出息，或者说成长，是成正比的，也就是说男人越成长，女人对你越温柔。我老婆现在对我很温柔。所以当你找到一个老婆对你很凶悍的时候，你自己也要反思一下，到底是老婆真的凶悍还是你自己没出息……在大学的时候（我老婆）对我还挺温柔的，我好像还有点高高在上的感觉。后来我发现，婚姻是一个绝对的分界线。结婚以前，爱情都是有点那种不真实的感觉的，爱情可以不计后果，但是结婚以后就会有很多现实的问题……我结婚以后，因为不成功，也没钱，我老婆是1988年和我结婚的，眼巴巴地等我到1991年，等了四年的时间，我就是出不了国。我老婆觉得找了个挺没有出息的男的，就开始变得凶悍了，说话老有一些威胁性的元素在里面——再不怎么怎么样，我就和你怎么怎么样！每次都把我吓到半死不活……”

俞敏洪是个幽默的人，不开心的事在他嘴里也能变成笑话；而香港华达投资集团董事局主席李晓华的话就显得凝重多了。李晓华说——感情需要物质来解决！爱情也好，婚姻也罢，都应该以感情为基础，但感情这种东西却往往以物质为前提。李晓华本人的经历足以说明这一点。

1978年，李晓华从北大荒回到朝思暮想的家乡——北京。刚开始返城时，他烧过锅炉、看过仓库、当过搬运工，最后终于在一个机关食堂找到了一份刷锅洗碗的固定工作。在北大荒时，李晓华爱上了一个漂亮的北京知青姑娘。把工作安顿好后，李晓华第一件事就是去见那个让他朝思暮想的女孩。在女孩家里，女孩的妈妈硬生生地问他：你有没有本事？李晓华说，我会开拖拉机。对方说这不算本事，又问他的家庭出身。李晓华说，我就是一个普通工人。对方接着问，那你有没有钱？得到否定的回答后，对方说，那你等于什么都不具备——不具备娶我女儿的条件。

爱情的失败让李晓华悟出了一个真理：感情需要物质来解决！正在此刻，一个在广东当兵的同学告诉他，广东有很多华侨带回来的录音带、录音机、手表等，如果他能帮着卖出去，就能挣到钱。

但初次下海给他带来的并不是滚滚黄金，而是被判劳动教养三年。释放后，不服输的他又跟别人借了400块钱，再次南下广州。在一次广交会上，他看到了一台美国生产的冷饮机，他意识到这台机器会“下蛋”，便询问价格，谁知对方说没有货，他赶紧找到经理，先套近乎，再交朋友，请完客，又送了几条名牌香烟，最终倾其所有将冷饮机买下。当年夏天，他带着这台冷饮机到北戴河海滨，找到几个当地人，说：“这是新玩意儿，中国只此一台。如果你们同意，你们出场地、人员，办营业执照，我出设备。赚钱各拿一半。”结果那个夏天，游客们都排着队在这台新鲜玩意儿前抢着喝饮料，他净赚了十几万元……

是感情的失败刺激了李晓华的雄心，成就了他今日的财富地位。用励志大师们的话说，这是负面的恩典。但卢照邻说得好，“得成比目何辞死，只羡鸳鸯不羡仙。”再多的金钱，恐怕也弥补不了情场上的惨败。正常情况下，又有谁喜欢这种负面的恩典？感情需要物质来解决——你能听出其中的愤怒吗?！不过，愤怒解决不了问题，还会让一个没钱的人同时显得很没素质，而这种人尤其令异性讨厌。既然谈恋爱谈来谈去最终都得谈到钱；既然爱情向左，婚姻向右，财富居中；既然满是真诚的心往往抵不过泛着铜臭的金钱……那我们便只能加上足够的金钱，去捍卫可怜的爱情。这不是在讽刺爱情，须知爱情与金钱一样，本是世人追逐的对象，只有足够努力的人，才有资格得到它。

理想·现实·创

财　富　路　上　的　逆　袭

1. 爸爸决定不了未来

“这是一个拼爹的时代。”

“亲爹不给力，就拼干爹。”

网友们都这么说。

所谓“电视上一片光明，网络上一片黑暗”，对此，我们大可以一颗平常心看待。不过对于爸爸，我们必须保持一颗景仰之心。

别管是富爸爸，还是穷爸爸，都不容易，都不是一个伟大能概括的。所以，有一首歌里干脆这样唱：“爸爸你比上帝还伟大!”

爸爸是否比上帝伟大，这得两说；但爸爸比上帝更管用，这是无须多言的。爸爸不仅给你掏钱，为你卖力，给你跑腿，关键时刻，甚至不惜为你放下他们自己年轻时都不曾放下过的尊严。

但那是爸爸们的事。如果你恰好是一个没钱的爸爸，你的伟大是会打些折扣的。或者干脆点说，你是拿不出手的。

过去有句流行语：“学好数理化，走遍天下都不怕。”不过没多久，它就被“学好数理化，不如有个好爸爸”替代了。换言之，一个没钱或者说没能力、没本事的爸爸，是算不得好爸爸的。不管他的钱是偷来的骗来的贪来的，只要他有钱，他就是个好爸爸。否则，即使他这光荣，那模范，他的钱来得一个汗珠子掉八瓣，也不行。

如今，这种现象、这种观念更甚。在疯狂膜拜成功、向往金钱的今天，“有奶便是娘，有钱便是爹”的人不仅大有人在，而且越来越多。从这一点来说，我们甚至还不如拜金主义的原创者美国人民。见钱眼开的美国人民最崇拜“股神”巴菲特，但美国人民至多只是称其为“除父亲之外最受尊敬的男人”。

现实是残酷的。有奶便是娘的人，不等于一定能吃到奶；有钱便是爹的人，也不等于人家就愿意收他为干儿子、干女儿。不管他们多么不情不愿，都必须得面对现实。不伟大的上帝只给了他一个没钱的爹。由于爹不伟大，他们只能在这世上委屈着。这是他们自然而然的逻辑。

那么，同样自然而然的，他们这辈子是很难再出人头地了。除非他们看完本书后能转变观念。

什么叫成功呢？你很难定义它，但我们可以打个比方：成功好比爬山，有些人是自己一步步爬上去的，有些人则是被他爸爸抱上去的。有些人更炫，他爸爸直接在山顶建了一栋别墅，然后在上帝的帮助下，把他降生在那里。这样的人，自然不必费力去爬山，但这样的人也感受不到成功。因为他根本不知道山脚下是什么样子。

爸爸决定不了未来。因为爸爸总有老去的一天，当他风光不再，他就像非洲大草原上的落魄狮王一样，必须让位。爸爸都让了位，儿子还能风光到几时？不仅不风光，有时候还会特别地悲惨。要知道，在非洲大草原上，新任狮王不仅会夺取前任的地位、妻妾，还会毫不留情地杀死前任的幼狮，以更好地繁衍自己的基因。

这只是一个比喻。我们从来不希望有任何类似的事情发生。但是归根结底，小温室长不出参天大树。有个既有钱又有本事的爸爸时不时地帮一把没什么不好，但你一定要明白并认可一个真理——人一定要靠自己，因为只有自己靠得住。

戴尔·卡耐基在他那本闻名世界的经典著作《人性的弱点》中，讲述过一个名叫雷纳·川伽的美国富二代的故事，笔者此处偷一下懒，转述以飨读者：

我（雷纳·川伽）的父亲不但事业成功，而且为人慷慨。从我上高中起，他便允许我随时用银行的账号开支票。上大学后，我更是精于此道了。我完全不知道钱的价值，更不知道要用什么方法去赚取，我只知道如何用父亲的账号去签写支票。

这样的生活一直继续到父亲过世。父亲给我留下了一块相当大、而且十分值钱的土地，位置就在密苏里河下游靠近莱辛顿一带。我开始以农夫自居，但没多久，大萧条横扫全美，我的农庄开始呈现严重赤字。我抵押了一片土地去偿还债务，但不景气继续存在着，使我不得不把那片抵押的土地以极低的价格卖出。后来，由于我的情况越来越糟，便又以同样的方法陆续把田地抵押并最终卖出去。

最后，算总账的日子终于来临了。我知道我已一无所有。假如我要继续活下去，得出去找一份工作——那是我以前从未做过的事。我苦不堪言，夜不能寐。我当时唯一的技能就是开支票，但这方法行不通了。我完全不知道应该怎么办。

一天早上，当我再一次从睡梦中醒来时，终于知道自己必须面对事实。我对自己说，滑雪橇的童年已经过去，现在你已长大成人，行事当然也要像个大人。起来吧，要起来工作！

除了面对自己的困境之外，我也开始寻找自己究竟信仰什么。以前，我一直认为美国是个充满机会的国度，只要努力，便能达到追求的目标。正值萧条时期，工作机会不多，但我个人仍有一些长处。至少，我的健康状况良好，有一份大学文凭和一些商业知识，还有从失败和错误中得到的经验与体会。现在，我需要的是采取行动，而不是浪费时间去感叹自己的不幸遭遇。

我完全了解自己的生活和想法。对我来说，找份工作并不容易。但是我不能让自己颓丧下去，我必须强迫自己用信心来取代恐俱和疑惑。我相信这个国家是个充满机会的地方，只要有决心，人人都可争得一席之地。就是这份信念，使我坚持了下去，绝不轻言放弃。

不久，我在堪萨斯市的一家财务公司谋得一个职位，并在那里愉快地工作了整整四年。后来我辞去职务，再度回到土地上。这一次，事情进行得顺利多了。我慢慢建立起自己的信用，并逐渐扩大事业的范围。我买进卖出，获得不少利润。感谢多年来失败给我的教训，这一次，我走上了成功路。我失去的产业，都被我再度赚了回来。我的努力没有白费，但更重要的，是我把这些宝贵经验都传给了两个儿子。这比单独只给他们财富要有意义多了。

人称“中国最富有的老师”、新东方培训学校创始人俞敏洪先生的经历，则是一个标准的从穷二代蜕变为富一代的传奇。俞敏洪在清华大学演讲时以其特有的幽默说道：

我在北大的时候，受到的打击特别多。首先是身份上的悬殊：我的同学有部长的儿子、有大学教授的女儿，而我却是一个农民的儿子，3次高考后才走进了北京大学，穿着大补丁、挑着扁担走进北大的，我们体育老师上课时从来不叫我的名字，都是叫那个“大补丁”，来做个动作……你会发现你总赶不上他们的状态，即使他们停下来一辈子什么都不做，他们所拥有的东西都比你多。比如大学一年级的时候，班上那个部长的孩子，每周五都有开着奔驰280的司机把他接回去。你想我们那个时候连自行车都买不起，他居然坐着奔驰280，那是一种什么样的感觉。你感到这辈子基本就完蛋了：但是我们一定要记住一个真理，生命总是往前走的，我们要走一辈子，你唯一能做的就是坚持走下去。所以，我非常骄傲地从一个农民的儿子走到北大，最后又走到了今天……”

俞敏洪的演讲很长，但其中心思想无非两个字——自强。爸爸决定不了未来，现状决定不了未来。没有一个有钱的老爸不是你的错，但若因此怨天尤人、破罐破摔、把贫穷坚持到底，那绝对是你的错。你的错误，也只能由你自己来承担。

2. 别信神、别信邪、别信命

很多人都说，中国人没有信仰。

很多人无疑都说错了。

中国人不是没有信仰，而是信仰太多。本土的，我们信太上老君、元始天尊；泊来的，我们信如来佛祖、观世音；西方的，我们也有人信基督、信天主、信圣母。而且，我们有个优势，我们想信谁就信谁，比如关二爷……

尽管我没做过专门统计，但相信中国人信的神是世界各民族中最多的：风神、雨神、雷神、电神、土地神、城隍神、河神、灶神、门神……你能想到的领域，都是神的领域；你能踏足的地方，都是神的地盘。因此，很多中国家庭都会在显要位置设个香炉、供个神位什么的。

那么，供的最多的是哪位大神呢？

是财神。

谁不想发财呢？

现如今，倒是有不少人不信财神了，但他们更干脆，直接把金钱当成了自己的信仰。不过，他们把金钱当信仰顶礼膜拜是一回事，金钱是不是也把他们当信徒怜之爱之回馈之则是另一回事。金钱这玩意，就像某些歌星影星运动明星，有它固定的生活圈子和亲友团。一个八竿子打不着的穷酸，多么虔诚也得被保安大哥拦在“钱门”之外。于是这些可怜的弃儿开始信邪，开始国骂加上乡土版：“他妈的，真是邪了门了，赚点钱咋就这么难呢！”骂完后，又往往恍然大悟、自问自答：这可能就是命吧！

这究竟是不是命，暂且不必说，可以肯定的是：认了命的人，他的命自然只能这样。

大多数人的人生，都是想尽一切办法改变命运的一生。大多数人也都曾为自己的梦想付出过相应的努力，然而终因这样那样的现实原因无奈地认了命，被迫接受“平平淡淡才是真”的生活和理念。

我们从来都不反对淡泊，我们只反对被淡泊。当然，我们更反对认命、拜金和迷信。

著名作家毕淑敏说过：“我从不相信手掌上的纹路，我只相信手掌加上手指的力量。”没错，人可以信仰，但他起码得相信自己，相信自己那双手。我们的老祖宗把它们解放出来，可不是光让我们用来双手合十的。

中国商界流传着这样一个故事：

明朝时，有个年轻人跟亲戚合伙贩棉花。他们第一次外出进货，就遭遇了数十年不遇的暴雨，数千斤棉花被沤在库房里霉烂，损失惨重。年轻人黯然返乡后不久，其父经营的饭馆又因意外失火被烧成一堆瓦砾。原本富裕的家境从此一贫如洗，年轻人的父母还因为悲伤过度先后病故。迷茫的年轻人来到集市上，请一个据说很灵的算命先生为自己卜了一卦，算命先生掐算一番，如实相告：年轻人，实不相瞒，你这辈子都不会再有发迹之日。你不用难过，这都是命中注定啊！

年轻人万念俱灰，从此破罐儿破摔，啥事不干，靠几个亲戚接济勉强度日。终于有一天，他厌倦了这个世界，独自跑到河边自杀，好在被一个过路人看到，及时将他救起。路人问他年纪轻轻的为什么要寻死，年轻人就将自己的不幸命运告诉了路人。路人说，是吗，不过你有没有想过，万一那个算命先生算得不准，你岂不是死得很冤？年轻人吃惊地看着路人，因为这个问题他此前根本不曾想过。接着，路人又告诉他，你不如到附近的湛山寺去拜谒一个名叫惠明的禅师，他不仅算得准，而且能为你消灾解难，指点迷津。

与路人分手后，年轻人心怀最后一线希望，前往湛山寺拜见惠明禅师。见到禅师后，他将自己的不幸遭遇对惠明禅师倾诉了一遍，然后问道："命数可以逃避吗？"

惠明禅师微捻苍髯，笑着说："命，是由你自己做成的。你做了善事，命就好了；你做了恶事，命就不好了。那你此前做过恶事吗？"年轻人摇了摇头。惠明禅师仍笑着说："那么，从现在开始，重修你的命运吧。"年轻人有些迷惑地问："师傅，命运还可以重修吗？"禅师没有回答，只从几案上的瓷盘里摘下一粒葡萄攥在手里，然后问他："你能告诉老衲，这一粒葡萄是完整的还是破碎的吗？"年轻人思考了一会儿说："如果我告诉您它是完整的，您一用力它就会变成破碎的了。"惠明禅师朗声笑了起来，说道："命运就像这粒葡萄一样，攥在你的手中啊！"年轻人终于醒悟，从此重新振作，他从给人帮工起，慢慢地在街上摆了个小吃摊，生意一点儿一点儿做大，后来又开起了一家高级酒楼，也就是今日山东青岛市著名老字号饭店"三盛楼"的前身。

无独有偶，西方也有这样一个真实的故事：

很多年前的一个早晨，美孚石油公司董事长贝里奇巡视工作时，碰到一件很奇怪的事：一个黑人小伙子在擦地板，每擦一下，他都要虔诚地跪拜一下。贝里奇走上前去，问他为什么要这么做。

小伙子对他说，他在感谢一位圣人。贝里奇又问，为什么要感谢那位圣人呢？小伙子回答说是圣人帮我找到了一份工作，这样我以后就不用挨饿了。

贝里奇听了以后笑着说："我也遇到过圣人，就是他让我成为公司董事长的，你想见他一下吗？"

小伙子说："我是一个孤儿，在教会里长大，我很想报答所有帮助过我的人。这位圣人若使我吃饱之后，还有余钱，我愿去拜访他。"

贝里奇说，你一定知道南非的温特胡克山，那上面住着一位圣人，能为人指点迷津，凡是能遇到他的人都前程似锦。20 年前我曾经登上过那座山，正巧遇到他并得到他的指点。假如你愿意去拜访，我可以准你一个月的假。

这个黑人小伙子是个虔诚的教徒，很相信神的帮助，他谢过贝里奇就上路了。经过一个月的艰苦跋涉，他终于登上了白雪覆盖的温特胡克山。但他在山顶徘徊了一天，除了自己，什么都没有遇到。没办法，黑人小伙子失望而归。见到贝里奇后，他说的第一句话是："董事长先生，一路上我处处留意，直至山顶我也没有发现什么圣人，整座山上只有我自己。"

贝里奇一本正经地说："你说得很对。除你之外，根本没有什么圣人。"

20 年后，这位黑人小伙子成了美孚石油公司开普敦分公司的总经理，他的名字叫贾姆讷。2000 年，他作为美孚石油公司的代表参加了在上海召开的"世界经济论坛大会"。一次记者招待会上，面对众多记者关于他传奇一生的提问，他说了这么一句话——你发现自己的那一天，就是你遇到圣人的时候，也是你人生成功的开始。能创造奇迹的人，只有你自己。

正如著名武侠小说家温瑞安在名作《惊艳一枪》中所说的那样：一个人开始关心自己的命运的时候，通常都是失却信心的时候。老百姓也常说：富看风水穷算命。算命是穷人的下意识动作，是对未来缺乏自信心的表现。算命的人，身穷，心更穷。所以，别算命，更别信命。一定要信的话，就信自己绝对可以通过自身努力赢得一个好未来，其他的，什么都不要信。所谓成功者，就是一群眼中没有神、心中不信命的人。唯其如此，他们才能改变自身命运，成为别人眼中的神。

3. 趁我们还能改变命运

伴随着新一轮高考的结束，诸如“读书还能改变命运吗”，“知识还能改变命运吗”，“高考还能改变命运吗”一类的讨论再次在网络上蔓延开来、粗略浏览，发现这些讨论的焦点都毫无疑问地指向了传统的寒门子弟，以及那些刚毕业即面临失业的时代骄子。当然也包括那些毕业多年仍在社会底层苦苦挣扎的蚁族。

知识能改变命运——这是毫无疑问的。至少它能让人明白一点，命运是可以改变的。

什么叫作命运？它其实是个合成词。所谓“命”，泛指一个人的先天条件，比如一个人生于何年何月何日，生在什么样的家庭，遇上什么样的父母，甚至也包括他的智商，等等。这些都是个人无法决定的，只能接受命运的安排。除此之外的其他因素，则可以概括为“运”，比如一个人选择什么方向，遇到什么样的人，付出何种程度的努力，等等。其中，努力是最重要的一点。所以，人们又说：三分天注定，七分靠打拼。

我们不能忽略现实生活中无数心怀理想却难以突破现实的“悲催”案例，但我们同样不能忽略社会上确实有一些人，凭着一腔热血、满怀激情和不达目的不罢休的劲头，最终彻底改变了命运，成为命运的弄潮儿。是他们更“幸运”一些吗？或许。但在他们翻越命运的分水岭之前，命运也没少给他们打击与嘲讽。他们能够最终坚持到幸运来临那一刻，在于他们懂得，趁自己还能改变命运的时候就应该尽量去改变命运，而不是稍遇挫折就一再质疑。

命运是可以改变的，是可以通过努力改变的，但绝不是通过一朝一夕的努力就能改变的。

曾经有人问过华人首富李嘉诚先生：您成功的秘诀是什么？李嘉诚对他讲道：有一年，日本推销业举办了一届“推销业秘诀分享大会”，会上有记者问日本“推销之神”原一平推销的秘诀是什么，原一平当场脱掉鞋袜，把提问的记者请上台说：“请您摸摸我的脚板。”记者照做后，十分惊讶地说：“您脚板上的老茧好厚呀！”原一平说：“因为我走的路比别人多，跑得比别人勤。”讲完故事，李嘉诚微笑着说：“我没有资格让你来摸我的脚板。但我可以告诉你，我脚底的老茧也很厚。”

李嘉诚的脚板有多厚，我们无从得知。但李嘉诚的勤奋是人所共知的，也是人所佩服的。他出生在广东潮州，童年时期正值抗日战争，日本帝国主义的飞机整天在潮州狂轰滥炸，李嘉诚的父亲李云只得带全家背井离乡，前往香港投奔李嘉诚的舅父。然而到香港不久，李云便因劳累过度染上肺病不治，撒手西去。作为长子，14岁的李嘉诚不得不离开学校，挑起赡养母亲、抚育弟妹的重担。

最初，李嘉诚在一家茶楼做小伙计。为了早起，他把闹钟拨快15分钟，每天总是最早一个赶到茶楼。然后，就是拎着大茶壶上上下下来回跑，一天十多个小时下来，腿肿脚胀，浑身僵硬。在干好本职工作之余，李嘉诚喜欢观察三教九流各色顾客，并根据他们的外貌、言语去揣测他们的籍贯、年龄、职业、收入和性格等等，然后找机会巧妙地验证。就这样，李嘉诚很快对茶楼每一位顾客的消费习惯了如指掌。所以，什么时候该给哪位客人上什么食物，提供什么服务，他都能做得恰到好处。客人非常满意，自然成了茶楼的常客。李嘉诚也因此成了茶楼加薪最快的伙计。

考虑到茶楼工作出息有限，一年后，李嘉诚进了舅舅开的中南钟表公司。舅舅并不以他是自己的外甥就有所照顾。李嘉诚从学徒做起，仅用了半年时间，就学会了各种型号的钟表的装配及修理。此外，他还负责扫地、煲茶、倒水、跑腿，既伶俐又勤快，很快就赢得了同事们的好感。

17 岁时，敢于挑战的李嘉诚做了一个“行街仔”，也就是走街串巷的推销员，主要是推销五金厂生产的铁桶。当时公司一共有七名推销员，数李嘉诚最年轻、资历最浅。另外几位都是经验丰富的老手，有自己固定的客户资源。这完全是一种不在同一起跑线上的竞争，但李嘉诚不想输给任何人。他暗自给自己定下目标：三个月内，干得和别人一样出色；半年后，超过他们！并不强壮的李嘉诚每天咬着牙，背着大包四处奔波，马不停蹄地走街串巷，寻找客户。好在他在做茶楼跑堂时，练就了腿功和脚力，也练就了善于察言观色的本领。在与客户交往时，他很快就能根据客户的反应判断成交的可能，并采取相应的对策。经过一段时间的努力，他的销售额在所有的推销员中遥遥领先，是第二名的七倍！一年后，李嘉诚就做了部门经理，两年后又当上了总经理。回忆那段时光，李嘉诚说：“开始别无他法，只能以勤补拙。别人做 8 个小时，我就做 16 个小时。”

1950年夏天，李嘉诚看准形势，离开待遇优厚的塑胶厂，用平时省吃俭用积蓄的7000美元创立了长江塑胶厂。由于资金有限，他只能把厂房租在了偏僻的筲箕湾，厂房破旧不堪，没有一扇窗户是完好的，房顶到处露着天光，一到雨天就哗哗漏雨。就连厂房的压缩机也是破旧的二手货。唯有挂在门中的“长江塑胶厂”的牌子是新的。但这并没有让李嘉诚感到片刻的沮丧，他踌躇满志地开始了崭新的事业。

创业初始，李嘉诚身兼数职，既是老板，又是操作工、技师、设计师、推销员、采购员、会计和出纳。由于交通不便，每天一大早，李嘉诚就外出推销或采购。但他从不打的，路远就坐公交，路近就靠两条腿。中午，李嘉诚匆匆赶回筲箕湾，先检查工人们上午的工作情况，然后和工人一道吃简单的工作餐。下午要么和工人一起工作，要么继续外出联系销路。晚上还要查资料、收集信息、记账、记录销售情况、规划产品市场区域、设计新产品的模型图、安排第二天的生产……

1981年，已成为风云人物的李嘉诚在香港电台电视部拍摄《杰出华人系列——李嘉诚》时，该电台记者问：“李先生，你今天的成功，与运气有多大关系？”李嘉诚当时很谦虚地说那是“时势造英雄”。但是时隔17年，当他再次被香港电台采访之际，李嘉诚给出了另一个答案：“那时我说得谦虚，今天我再坦白一点说，我在创业初期，几乎百分之百不靠运气，而是靠工作、靠辛苦、靠努力挣钱。你必须对你的工作、事业有兴趣，必须全身心地投入进去。”1986年，李嘉诚又曾经就“成功与幸运”的话题发表过类似的看法：“对于成功，一般中国人都会自谦那是幸运，绝少有人说那是由勤劳和有计划的工作得来。我觉得成功有三个阶段：第一个阶段完全靠勤劳工作、不断奋斗而得到成果；第二个阶段，虽然有少许幸运存在，但也不会很多；第三个阶段，当然也靠运气，但如果没有个人条件，运气来了也会跑掉。”

你现在处于成功的哪一个阶段呢？趁我们还能改变命运，让我们一道奋力改写人生吧！

4. 上苍保佑有理想的人

世界上最快乐的事，莫过于为理想而奋斗——古希腊圣哲苏格拉底如是说。

为什么这么说呢？首先，人的理想往往源自于现实生活不太理想。而与之相对应的，则是另一些人的现实相对理想。这种并不需要费力就能分辨出的好坏优劣，会自然而然地激发一批人的斗志，使其产生改变现状的愿望。这种愿望就是理想。它未必一开始就能具体地改变一个人的生活，但至少能使人得到心理上的满足，使其产生一种积极的自我暗示：只要我愿意，我也可以过上理想的生活。其次，人一旦有了理想，心中便会产生一种紧迫感，这种紧迫感因人而异，可能大，也可能小，但多少都会促使一个人为了自己的理想而奋斗。有了理想不等于实现理想，但有理想并为之而奋斗，至少会让人感到很充实，至少觉得自己活着是有意义的，至少觉得自己还是有希望的。而有希望的人永远不会被打败，只要他能坚持自己的希望。

动作片巨星施瓦辛格先生曾经在清华大学做过一次励志演讲，他的第一句话就是：“让我告诉你们，我年轻的朋友们，坚持你们的梦想。无论如何，坚持你们的梦想。不要放弃，即便遭遇打击和挫折。”

“今天，我想与你们聊聊梦想，对于你们未来的梦想。”施瓦辛格接着说，“我想与你们聊聊梦想，因为我似乎是一个梦想专家，我实现了自己的许多梦想。所以让我向你们讲述我的故事，讲述我如何开始我的职业生涯。我认为这个故事与你们有些许关联。一开始我是个举重运动员。我一直喜欢举重和健美。当我第一次抓起杠铃，稳稳握住，并高举过头顶，我就一直享受这份愉悦，我知道这就是我要做的事情。我还记得自己第一次真正训练的情景。我老家在奥地利，离我们村庄八英里远的地方有一座体育馆，我骑车过去，在那里训练了半个小时，因为教练说半小时后你要停下来休息，否则身体会酸痛。但是半小时后我看着自己的身体，什么变化也没有。我对自己说：‘我还是再练半小时吧。’但我的力量还是没有增强，我的肌肉还是没有隆起。于是，我又练了半小时，之后又是半小时，再之后又是半小时，共计两个半小时。之后，我离开体育馆，骑车回家。骑了一英里之后，我感觉身体发麻，再也握不住自行车的把手，摔下来掉进了路边的沟里。爬起来后，我试图再骑。骑了几码之后，我又摔下了车。我又试了三四次，但终究没法骑车，因为我的身体已经麻木了，我的腿像面条一样打颤。第二天早晨起床后，我浑身酸痛，甚至没法举起手臂梳头。我不得不让我妈妈帮我梳头，你们知道那有多么尴尬。但我从中[illegible]要的一课，那就是痛苦意味着进步——痛苦就是进步。每一次训练之后，我的肌肉都酸痛不已，但我知道那是它们在生长，变得更加强壮。

“在坚持了两三年的艰苦训练之后，我的形体和力量都发生了改变。我从中学到了一些东西，那就是：既然我可以改变我的形体，既然我可以改变我身体的力量，那么我也可以改变其他任何事情。我可以改变我的习惯，我可以改变我的智力，我可以改变我的态度、我的思想、我的未来和我的人生。这正是我已经做过的事情。我觉得这个经验也适用于其他人，适用于各个国家的人。你们可以改变，世界上每一个人都可以改变。

“当然，我必须告诉你们，我的父母起初完全无法理解我的梦想。他们总是困惑，他们说：‘你在干什么？你打算什么时候找一份工作，一份真正的工作？你打算什么时候挣钱？’我听到的都是这样的问题。他们还说：‘我希望我们没有养一个乞丐，一个不会挣钱，只想住在体育馆里成天想着自己体形的人。’之所以说这些，是因为我觉得你们当中有一部分人的家人可能会有同样的想法。他们可能不相信你们的梦想。但是让我告诉你们，朋友们，坚持你们的梦想。无论如何，坚持你们的梦想，不要放弃！

“带着父母的不理解和 20 美元，我来到了心中的圣地——美国。因为我觉得自己一直是个有美国气质的人。刚到美国，我便融入了那种美国式的观念：没有你办不到的——只要付出足够的努力。我在那里展开了更高强度的训练，我训练的时候，没有任何人愿意跟我同时训练，因为我一进健身房便全心投入、全神贯注，那种超人的意志令旁人感到战栗。就这样，一年后，我便成了世界健美冠军。我的职业生涯开始腾飞，我开始演电影，《终结者 3》上映后，我成了好莱坞片酬最高的影星。但我刚刚转行时，总有人会说我不可能成功。好莱坞的导演们说：‘你不可能成功的。你有德国口音，在好莱坞从来没有带德国口音的人成功过。你或许能演一些纳粹之类的角色，但是因为你的口音，你绝不可能成为一线巨星。还有你的身体，你的肌肉过于发达了……别想了，你不会成功的。回去健身吧。’后来，当我竞选州长时，人们又说：‘你不会成功的。你不会成为加利福尼亚州州长的。你对政府了解多少呢？’好吧，就算他们说得都对吧，但我没有在乎他们的话。我继续竞选，我坚持自己的梦想，其他的从不提。结果我成功当选。这一切的发生，都是因为我的梦想，即使有人告诉我那些梦想不切实际，太过疯狂，我依然坚持不懈！所以我要说，上帝保佑有理想的人，而你必须时刻保佑自己的理想。”

好莱坞另一大牌动作影星史泰龙的成功更具说服力。史泰龙年轻时也是个穷小子，但他有梦也敢做。当时好莱坞共有500家电影公司，他拿着自己写好的剧本《洛奇》逐一拜访，希望能有一位伯乐给他机会。然而，他先后一共被拒绝了1849次！也就是说，500家电影公司无一例外，平均拒绝了他三次还多！直至第四轮拜访进行到第350家电影公司时，那位老板才破天荒地答应看一下他的剧本。只是一看，就彻底地改变了他的命运。几天以后，电影公司老板约史泰龙详谈，决定开拍电影《洛奇》，并让史泰龙担任男主角。史泰龙名利双收，成了众多年轻人的励志偶像。

美国的确是个造梦的国度，国内很多成功人士当年都有只身闯荡美国的经历相对来说，美国社会或许真的像其中很多人所说的那样，没有太多的圈子、关系，没有太多的论资排辈，只认实力和努力，但这并不代表我们不去美国就不能成功。我们钦佩施瓦辛格、史泰龙等人，钦佩的不是他们的王者之气，也不是他们的肌肉、演技、精明，而是他们身上那股永远向上的精神。正如施瓦辛格所说，他的经验适用于这世界上每一个人——每一个有理想并为自己的理想付出不懈努力的人。

5. 能创造者即上帝

按照《圣经》的说法，人类的始祖亚当和夏娃本是生活在伊甸园中。传说中，那里到处都是黄金、珍珠、红玛瑙，长着各种树木，开满奇花异卉，结满各种美味且无农药残留的果子。亚当和夏娃每天什么都不用干，吃饱喝足之余，只需赏赏花、散散步，或者顺便信口给园里的动植物们取个名字什么的。

毫无疑问，这是一种幸福的生活。但我们知道，这种幸福没持续多久，便被上帝强行剥夺了。《圣经》上说，那是因为夏娃受魔鬼撒旦之诱惑，与亚当一起偷吃了禁果，因而受到上帝的惩罚，被逐出伊甸园。

从此，偷食禁果被认为是人类的原罪，也是其他一切罪恶的开端——如果你是上帝的忠实信徒，这句话绝对没有任何值得怀疑的地方。如果你不是，我们不妨一起跳出圣经故事，站在现实生活中戏说一下：

当上帝把亚当和夏娃逐出伊甸园时，他们为什么必须要离开？很简单——他们没有产权。园子是上帝造的，想让你住你就住，不想让你住你就得走人。上帝跟生活中某些人没什么区别。

事实上，就连亚当和夏娃都是上帝一手创造的。仅仅是把他们赶出伊甸园，上帝还算是仁慈的，因为他完全可以选择毁灭他们。事实上，上帝后来还真干过这事儿。

这样看来，上帝颇有些“欲加之罪，何患无辞”。

一位同行则从另一个角度揭示了“人类的原罪”，本是“上帝的原罪”，他在书中写道：

我有一个要好知己，他是个虔诚的基督徒，我们经常因为亚当、夏娃偷吃禁果而被驱逐出境一事辩得面红耳赤。有一次，我问他：“亚当他们为什么会被赶出伊甸园呢？”

“因为夏娃不听神的话，受了毒蛇的引诱，偷吃了禁果，她违抗了上帝的命令。”

“请问上帝是全知全能、先知先觉的吗？”

“当然。”

“好。那么全知全能、先知先觉的上帝，既然事先明明知道夏娃受不了毒蛇的引诱，却还要让毒蛇来引诱她，而不加以制止，事后还要惩罚他们。这不是存心不良吗？”

“嗯……这个……”朋友终于为之语塞。

是啊，为什么上帝明知人类会犯错，还要种下一棵邪恶的苹果？没有人回答。有的，只是上帝残酷的微笑。“天若有情天亦老”，上帝从来就不曾对他的子民有所关照。

不过，我们也不能全盘否定上帝。我是个纯粹的无神论者，不相信上帝，但我非常认可《圣经》中的故事。因为这些故事有它不容忽视的内在涵义。比如，《圣经》中说上帝用六天时间创造了世界和万物，其潜台词再明显不过——能创造者即上帝！

每个人都应该做自己的上帝。自己创造的房子，才是永远的伊甸园；自己创造的生活，才能自己说了算。

退一步讲，即使假设真有上帝，上帝还是一个仁慈、负责的上帝，如果你自己不争气，上帝也帮不了你。下面的寓言故事颇能说明问题。

有一天，一个男孩儿和上帝一同出行。他们路过一条河时，男孩看到水中有一个人在挣扎，即将没顶。他焦急地指着那个人问：

“上帝，为什么你不去救那个人？难道他没有向你祈祷吗?”

上帝回答：“不，他向我祈祷了两次，但我也救了他两次——第一次我让一根圆木从他身边漂过，他没有去抓；第二次我让一个人划着竹筏从他身边经过，他又不肯去抓那个人向他伸出的手。你让我怎样去救他，难道非得我亲手去把他拉上来?”

男孩儿哑口无言。

二人继续往前走。路过一座城市时，男孩指着城里一个衣衫褴褛的乞丐问：“上帝，你为什么不帮那个人脱离贫困，难道他不是你的信徒?”

“他是我的信徒——”上帝顿了顿说，“但他不是个好信徒。你看到前面那座豪宅了吗？那里面住着这个乞丐的弟弟。当年，兄弟俩的父亲临死时，按我的旨意把遗产平分给他们兄弟俩。他之所以会混到今天这个田地，都是因为他自己好吃懒做、不肯上进，你让我怎么帮他？我对他不够公平吗?”

“你对他或许很公平。但人间有太多的不公平。至少有些父母就不肯把遗产平分给子女。”男孩儿忽然睿智得像个哲学家。

“你错了。我对所有人都公平。我赐予每个人一双手，但有些人宁愿乞讨，也不愿意创造自己的生活。而且，即便是做乞丐，也有很大的差别，也分专业与否。我们刚才经过那个乞丐时，他甚至连一个期待的眼光都没有投给我，而我，原本是准备帮他一把的!”

做乞丐也分专不专业——上帝这话值得商榷。可以确认的是，比做乞丐好不了多少的专业——捡破烂，就绝对需要专业。不仅需要专业，而且需要敬业。

我的朋友小张前不久讲了一个亲身经历：

几个月前，我下定决心离开北京，结束北漂的生活。由于这个决定下得儿有点突兀，因此临走时除了电脑，我在北京所有的一切都没要。包括自行车在内的很多东西都被我扔到了垃圾站。做完这一切，已是凌晨一点多。将近五点我去赶火车时，最后一次经过那个垃圾站，老远就发现那儿有个捡破烂的。走近一看，我扔的东西一件件都到了他的板车上。正在我后悔没把它们当废品卖掉好歹换包烟钱时，不远处又来了一位捡破烂的。但他顶多只能捡点儿矿泉水瓶了。通过这件事，我悟出了一个道理：那就是即便是捡破烂，你也得敬业，也得比同行起得早！

的确。能创造者即上帝，但做上帝不是简单地坐在理想的天堂里喊喊口号那么简单。早起的鸟儿有虫吃，晚起的上帝也得饿肚皮。有句话说得好：只有坐在飞机上，你才会知道上帝并不存在。销售界的朋友更有才：顾客就是上帝！而有些商家之所以总是能够赢得“上帝”的青睐，则在于他们本身就是上帝。上帝，不过是做好了自己本分的人。

第三章 卑微·无奈·忍

财富路上的逆袭

1. 卑微是人生的第一课

卑微是人生的第一课——对世上99%的人来说都如此。

有境界的人常说：我们都是上天之子。一株小草，一朵小花，一只小蚂蚁，都是神的孩子。只要是生命，就没有所谓卑微。这的确是个美妙的说法。但现实却远不是那么美妙。大多数人，从一出生，就注定要卑微地活着。它不仅意味着默默无闻，上升通道受阻，遭受不公平的竞争。有时候，甚至如路边的一株小草，一朵小花，一只小蚂蚁，其命运往往由于一个顽童来决定一样，要承受更多除了卑微之外的东西。

前些日子不幸逝去的网络同行“十年落雪”在作品中写过：“一团烂泥，也可以面对浩瀚的天空；站在最高处的石头，就是星辰!”的确，这些文字是可以与星辰媲美的，尤其是后一句。然而，现实总是伤感，还不曾站到最高处，发出更夺目的光芒，就成为了一颗流星。这样的残酷，并不仅仅属于这位老兄。

卑微是人生的第一课。我们都是草根、石头、烂泥，甚至被某些人视作扶不上墙的烂泥，视作可以被随意践踏的草根，视作只可用来做垫脚石的石头！人类社会以及所有生命群体的不公平竞争机制，决定了鼓励和鲜花、掌声只属于那些从投胎起就被某些所谓的“强势基因”设计好了人生之路的幸运儿。

幸运儿不是你，也不是我。所以，这篇文章专为我们自己而作。我要我们看清现实，但绝不屈从于现实。我要我们一道向着天空进发，不管它有多遥远，路上有多少泥泞。

人往高处走，包括那些一生下来就“高高在上”的人。与他们相比，我们一开始当真是输在了起跑线上。但是别失望，更别绝望。如果暂时不能站到高处，那么就把脚下站得更稳些。著名作家杨绛说过：“惟有身处卑微的人，最有机缘看到世态人情的真相。一个人不想攀高就不怕下跌，也不用倾轧排挤，可以保其天真，成其自然，潜心一志完成自己能做的事。”没有埋头，哪有出头？只要你对低处存一份感恩之心，而不是憎恨之情，高处可以给你的东西，低处只会给你更多。

卑微是人生的第一课，也是必须上好的一堂课。

周星驰，当他还是一个既没学历、又没资历、也没家世背景的年轻人时，当他还在茶楼里当跑堂、在电子厂当工人时，他就梦想有一天自己能主演一部电影。然而，现实与梦想之间的距离总是那么遥远。虽然，他成功地走入了电影剧组，但他只能先从杂役干起，帮人买早点啦，帮人洗杯子，甚至开车门之类，根本没有机会参加演出。

整整过了三年，他才开始饰演一些仅有几句台词或根本没有台词的小角色。当年曾经轰动一时的 83 版《射雕英雄传》中，就有周星驰的影子。他扮演的无名宋兵，只在画面上出现了几秒钟，就以死亡结束了亮相。更郁闷的是，接下来，这样的戏份居然也越来越少了。失落之余，他转行做了儿童节目主持人，一做就是 4 年。相对来说，这次他算比较幸运，因为他独特的主持风格颇受孩子们的喜欢。但是不久，一篇名为《周星驰只适合做儿童节目主持人》的报道激怒了他，那个记者在报道中讽刺他只会做鬼脸、瞎蹦乱跳，根本没有演电影的天赋。周星驰把报道贴在自己的床头，提醒和勉励自己：一定要演一部像样的电影，让这家伙看看！

于是，他再次跑回剧组，继续跑龙套，忍受旁人的冷眼和呼来唤去，继续演一些不超过十秒的小角色。但此时的他再没有当初的失落，有的只是激情、信心与热血。就像他在后来那部《喜剧之王》中所诠释的那个扮演“死人甲”的小演员一样。他紧紧抓住每次机会，拼尽全力展示最独特的自己。有时也不免闹些笑话，但最终他还是以独特的风格冲开了生命的漆黑。1987 年，他参演了自己真正意义上的第一部剧集《生命之旅》。虽然他的角色比跑龙套强不了多少，但总算有了飞翔的空间。从此，他开始用一身小人物的卑微与善良演绎自己的人生传奇。经过最底层的挣扎，最无情的洗礼，他凭借着 50 多部喜剧作品，成了大众心中当之无愧的喜剧之王。即使是有人不喜欢他的无厘头风格，也还是会动不动把他那句“曾经有一段……”挂在嘴边。

当已经成为喜剧代言人、号称“星爷”的他在接受央视一档专访节目时，他在节目中不无自嘲地回忆起走过的路程：“有些人说我最辛酸的经历是扮演《射雕英雄传》里面一个被人打死的小兵，但是我记得好像不是，还有更小的角色，剧名至今也不清楚。只知道应该不是现代的。因为穿古装，一大帮人，我站在后面，镜头只拍到帽子与后脑勺。那种感觉对我来说相当重要，因为这使我对小人物的百情百味刻骨铭心。”

人生就是这样。如果不能生在影视之家，没有一个大导演老爸，制片人老妈，同时又怀揣着电影梦、电视梦，那你只能像周星驰一样，即使扮演再普通的小角色，也要用心把他演得最出色。演好卑微的你，演好生活中虽卑微但精彩的你，你就上好了人生的第一堂课。假以时日，你也会像周星驰一样，成为别人的人生导师。

卑微是人生的第一课，对那些相对不卑微的年轻人来说，也是如此。没有人可以决定自己的出身，总是将“富二代、权二代”打上愤怒的标签对他们来说并不公平。富贵也好，贫穷也罢，显赫也好，卑微也罢，这都是父母对自己的赏赐。但无论起点如何，过程总是由自己决定的。卑微，只不过起点低一些；显赫，如果不懂得太容易得到未必全是好事的道理他所有令人羡慕的东西，也不免轻易的失去。别等到那一天，再去上卑微这一课。

2. 没有卑微的人，只有卑微的心

1963 年，一个黑人孩子降生在美国一座贫民窟里。他有两个哥哥、一个姐姐、一个妹妹，父亲微薄的工资根本喂不饱一家人的肚子，他从小就在贫穷与歧视中度过。对于未来，他看不到什么希望。没事的时候，他总是蹲在低矮的屋檐下，默默地看着远山，沉默而沮丧。

13 岁那年，有一天，父亲突然递给他一件旧衣服，问："这件衣服大概值多少钱?""一美元吧。"他回答。

"你能把它卖到两美元吗?"父亲又问。

"傻子才会买。"

"你为什么不试一试呢? 你长大了，家里不好过，要是你能卖掉它，也算帮了我和你妈妈。"

他这才点点头，接过衣服："我可以试一试，但是我不一定能卖掉。"然后，他把那件衣服很小心地清洗了一遍，又用刷子把它刷平，代替熨斗，直到它阴干。第二天，他一大早就带着这件衣服来到一个地铁站，在那里整整叫卖了六个小时，最后终于以两美元卖出了它。它紧紧地攥着这来之不易的两美元，一路奔回家，把它交给父亲。此后，他开始热衷于从垃圾堆里淘拣有钱人丢弃的旧衣服，打理好，卖些小钱，补贴家用。

过了一段时间，父亲又递给他一件旧衣服，提出了更高的要求："你看这件衣服能不能卖到 20 美元？"看着他疑惑的眼光，父亲还是当初那句话："为什么不试一试呢？"父亲离开后，他想啊想，终于想到了一个好办法。他找到自己的表哥，表哥正在学画画，他让表哥在上面画了一只可爱的唐老鸭和米老鼠，然后带着它来到一个贵族子弟学校门口。那天傍晚，一个来接小少爷的阔管家为他 10 岁的小少爷买下了这件衣服。他当然不会穿它，但他非常喜爱衣服上的图案。小少爷一高兴，还让管家给了他 5 美元的小费。25 美元，他父亲当时一月的工资也不过如此。

没想到的是，当他把 25 美元交给父亲时，父亲又拿出一件旧衣服，再一次说："你能把它卖到 200 美元吗？"这一次，他没有任何犹豫，他相信自己一定有办法。至少，自己可以试一试。两个月后，机会来了——当红女星法拉弗西来到纽约为自己的新片造势宣传，他带着那件浆洗一新的衣服，和一大群粉丝们围在记者招待会会场外面。招待会一结束，他猛地推开一个保安，冲到法拉弗西面前，举着旧衣服请她为自己签个名。法拉弗西先是一愣，继而露出微笑，流利地在那件旧衣服上签上了自己的名字。他笑着问："拉弗希小姐，我能把这件衣服卖掉吗？""当然，这是你的衣服，你怎么处理是你的自由。"他礼貌地说声谢谢，继续欢呼起来："快来看，法拉弗西小姐签名的运动衫，只要 200 美元！"出乎所有人的意料，这件旧衣服竟然引起了现场粉丝的竞拍，最终，一个石油商人出了 1200 美元的高价收购了它！

回到家里，他和父母及兄弟姐妹陷入了狂欢。当晚，他和父亲抵足而眠。父亲问："孩子，你从卖衣服当中，明白了些什么吗？"他答："我明白了，您是在启发我，只要开动脑筋，办法总是有的。”

父亲点点头，又摇摇头，说：“你说得对，但这不是我的初衷。”父亲说：“我只是想告诉你，一件被丢弃的旧衣服，都有办法高贵起来，何况我们这些活生生的人呢？我们有什么理由对生活丧失信心呢？我们只不过黑一点儿、穷一点儿。”

父亲的话，像一道闪电，直击他的心灵深处。是啊，连一件旧衣服都有办法高贵，我有什么理由妄自菲薄？从此，他开始努力学习，刻苦锻炼。20 年后，他的名字传遍了世界，他的名字叫做迈克尔·乔丹。

相对来说，我国历史上著名的大商人窦义的故事可能更值得我们学习。乔丹家里虽穷，毕竟还有个励志大师级的父亲，窦义却从小失去了父亲，与母亲相依为命。

窦义 15 岁那年，一个远房亲戚从外地卸任回到家乡，带回了几十双当地产的丝鞋，送给穷亲戚们。亲戚们一拥而上，抢作一团，只有窦义不为所动。最后剩下一双大号的，窦义虽不能穿，但还是礼貌地收下，拜谢而归。

不久，窦义把那双大号丝鞋偷偷拿到集市上，换得五百钱，然后请铁匠打了两把锋利的小铁铲，悄悄藏在床底下。进入初夏时节，长安城中到处飘落榆树荚，窦义打扫、收集了很多。然后，窦义找到一个稍微阔气些的同族伯父，请求到伯父家的废宅中去读书，伯父见他争气，爽快地答应了。其实他根本不是去读书，而是每天天一亮，便用那两把小铁铲在废宅中开垦荒地，挖沟、浇水、播种、培土……将收集下的榆树荚全部播下。不久，天降甘霖，榆树荚生根发芽，茁壮成长。当年秋天，已长到一尺多高，多达数万株。

转过年来，小榆树已长到三尺多高。窦义开始间伐树苗，挑选枝条茁壮直挺的留下继续生长。他间伐下来的小榆树共有百余捆，晒干后每捆卖了十多个铜钱。第三年秋后，小榆树已长得有鸡蛋那么粗了，窦义再次间伐，得榆柴二百多捆，获利更多。五年后，小榆树全部长大成材，窦义雇人将其伐倒，共得木材两千余根，连上此前所得，共获利数十万钱。

此时的窦义已是小富翁一个，但他没有小富即安。他拿出一部分资金，从四川购进了一些青麻布，请人制成袋子，又从本地购买了几百双新麻鞋，然后他把附近街巷中的小孩全都召来，发给他们每人三张饼、十五文钱和一个小布袋，让他们捡拾槐树籽。月余，共收集槐树籽两车。接着，他又让小孩子们捡拾破麻鞋，每三双破麻鞋可以换一双新麻鞋。远近的人们听说后，前来以旧换新者络绎不绝，难以计数。几天时间，他便收得旧麻鞋一千多双。与此同时，窦义又先后购进了油靛和几堆碎瓦片，并雇人将油靛熬好，将瓦片上的泥污和他收来的破麻鞋一起洗净。

备下上述原料后，窦义又添置了一些必要的工具，然后雇人将破麻鞋剪烂，将瓦片砸碎，又掺上槐树籽和油靛，接着让人日夜不停地捣烂。待原料捣成乳状，窦义命人将其做成长三尺，径三寸的粗棒状物，晒干后存放起来，共一万多根，他给这些粗棒状物起名为“法烛”（相当于现在的蜂窝煤）。

当年六月，长安城下起了瓢泼大雨，到处积水，车辆难行，市民们连烧火做饭的柴草都买不到。这时窦义及时将“法烛”拿出来售卖，每根一百钱，市民们用“法烛”烧火做饭，发现它的功效比柴草强很多，不久便将窦义的法烛抢购一空，窦义因此获利无数，财富更上一层楼……

一双丝鞋，可以造就一个富翁；一个馒头，也可以引发一桩血案。这就是卑微的力量，它可以是正能量，也可以是负能量，关键看我们怎么运用。卑微不要紧，要紧的是别在卑微中悲观，别在卑微中走向邪恶，而是要像小草，虽卑微，却顽强，野火烧而不尽，春来绿遍郊原；要像种子，不管所处的土地多贫瘠，都不忘生长的本能，尽力去发芽、去破土，去寻找光明。风调雨顺，就尽量生长；没有甘霖，就用汗水浇灌自我。汗水是最有营养的东西。只要有足够的汗水可流，就不必质疑这苗儿会不会拔地参天。

3. 能耐就是能够忍耐

古人云：“不如意事常八九，可与人言无二三。”那么，遇到不如意的事情该怎么办呢？先哲说：“忍为高”、“小不忍则乱大谋”、“忍字心头一把刀”……现代人则说，能耐就是能够忍耐。凡此种种，是美德也好，是本事也罢，或者说是谋略是的，为人处世，做人做事，常常离不开忍耐。暂时的忍耐，也往往是解决问题的最好办法。

忍耐首先是一种生存智慧。人们常说，“大丈夫能屈能伸”，其实即使是小女子，身在屋檐下，也不得不低头。能不能忍，会不会忍，有时直接决定了一个人能否继续生存下去。汉朝开国大将韩信，不得志时曾受胯下之辱；蜀汉昭烈皇帝刘备，一生颠沛流离，大半辈子寄人篱下；李世民死后，作为才人的武媚娘为求活命，也不得不暂时出家为尼……不忍，行吗？“留得青山在，不怕没柴烧。”都像项羽那样，青山都没了，还谈什么“彼可取而代之”？

现代人都说，人生要耐得住寂寞。福楼拜也说过，天才无非是长久的忍耐！并不是每个人都能成为天才，但每个人的生活中都离不开忍耐。因为忍耐是前进路上不可或缺的动力之源。古人云：欲跃先屈身，欲飞先伏翅。忍耐是从平庸走向精英的必经阶段。只有忍得久，才能飞得高——深圳装修业的传奇人物韦文军的创业史就是有力的证明。

1999年，刚刚踏出南宁美术中专校门的韦文军，怀着美好的愿望来到了城市建设如火如荼的深圳。安排好住处，他便马不停蹄找到了一家最有名的装修设计公司面试。虽然他做好了充分的心理准备，但该公司负责人罗老板给他的打击也未免太大了点。

“你好，我叫韦文军，今年刚毕业……”

“出去！出去！我们不要刚毕业的！”韦文军话没说完，罗老板头都没抬就下了逐客令。

韦文军感觉喉咙像被石块堵住了一样，但他仍小心翼翼地说：“虽然我刚毕业，但我挺有天分的……”

“出去！出去！我们这儿的员工个个都有天分！出去……”罗老板再次粗暴地打断了他。

韦文军强压住心头的委屈和怒火，拿出自己的作品放到桌面上，罗老板扫了两眼，觉着还有点意思，但想进公司可没这么容易：“我们这里是无纸化办公，要求熟练操作电脑。”

韦文军连连说：“我会，我会电脑！”罗老板又上下扫了他两眼，觉得他还比较老实，最后答应试用他几天。

韦文军喜不自禁。

可惜一个星期没到，罗老板就让韦文军“走人”，因为罗老板看出他不过是略懂皮毛。按说，老板让你走人，你根本没有留下来的可能。但韦文军天生倔强，他决心“赖”在这家公司不走。他向罗老板表示，他只想学习，不要公司任何报酬，只要管他吃住就可以了，并且可以每天为公司打扫卫生。罗老板考虑一番，在此基础上加了个条件，必须负责每天打扫公司的卫生间，包括刷马桶。

从此以后，这家装修公司多了一个忙碌的身影。尤其是早晨，韦文军要把近700平方米的办公场所里里外外打扫干净。做完这一切，大半天时间也就过去了。余下的时间韦文军便坐在别人身边，看着别人操作电脑。下午等大部分人下班后，韦文军再收拾一遍，匆匆吃过晚饭，便趁着夜深人静看各种专业书籍，然后上机练习操作。

后来，韦文军发现自己太缺乏实践常识，便想到总工程师那里去“偷艺”。他瞄准空子给总工端上一杯热茶，那人头都没抬便说：“你刷完马桶洗手没有啊?”韦文军却不以为意，不仅每天坚持献茶，后来他还发现，这位总工每晚动笔之前必喝点小酒，于是韦文军又忍痛打开自己的荷包，不时为其买来各式名酒，还捎上一些下酒小菜，总工的脸上终于露出了微笑，韦文军也顺理成章地坐在了他的身边。

过了几个月，一天夜里，罗老板主动来找上进的韦文军谈话。真是不谈不知道，一谈很感慨，原来罗老板是哲学硕士出身，初到深圳他的工作是疏通下水管道，与马桶打了很久的交道。后来他看准了深圳这座移民城市装修市场的空白，于是放下书生架子做起疏通马桶的工作，并由此攒下了创业的“第一桶金”。他还说：“我对你的无情实际是一种有情，希望你能在苦难中得到教训和受益!”最后，罗老板还和他谈起了《圣经》里的马太效应：所谓强者愈强。弱者愈弱，一个人如果获得了成功，什么好事都会找到他头上。大丈夫立世，不应怨天尤人，人最大的敌人是自己啊!

当然最重要的，是那天晚上罗老板发了话：“明天你就是正式设计师了，底薪1000元。”这下子，韦文军的干劲更足了。时间一长，罗老板发现他的3D装修效果图画得好，中标率非常高，于是又提拔他做设计总管，月薪加到 6000 元，并放手分给韦文军一些大项目做。由于韦文军越来越争气，因此仅仅一年时间，罗老板就把他提升为设计总监，月薪高达 20000 元，另加年终提成。又过了两年，罗老板给多少钱韦文军也不干了，因为他的翅膀已经足够坚硬。他摇身一变，就和昔日老板成了平起平坐的铁哥们。难能可贵的是，韦文军不忘旧情，逢人便说罗总是他的老师。他还给自己定了个规矩，绝不做罗总客户的业务。每当回想起那段刷马桶的日子，韦文军感慨万千："深圳这地方，最不值钱的就是尊严！但那段刷马桶的经历却是上帝'负面的恩典'，非常难得，我永远会抱着感恩的心情看待这段经历。"

韦文军的经历有力地验证了我们的开篇之言——能耐就是能够忍耐。如果你认为自己活得很累、很辛苦却迟迟赚不到钱，那么肯定是你的能力还有所不逮。既然还没能耐，那只能先向韦文军学习，先忍着，少长脾气，多长本事。

赚钱需要忍耐，赚完钱仍需忍耐。日本明治时期的大实业家古河市兵卫有一句名言："忍一时之怒，成长久之功。"这句话出自古河市兵卫的一次讨债经历。有一次，他去一个客户那里收款，对方对他爱搭不理，想让他知难而退。古河市兵卫想磨一磨对方，结果对方根本不吃这一套，索性熄了灯上床睡觉，把古河市兵卫晒在了那里。他本以为这样一来，古河市兵卫没有不走的道理，毕竟他只是一个收款员，又不是老板。但他明显低估了古河市兵卫的忍功。整个晚上，古河市兵卫一动也没动，干瞪着眼坐到了天亮。第二天早上，客户起床后，发现古河市兵卫居然还坐在自己家里，很是震惊。更让他吃惊的是，古河市兵卫面带微笑，好像一点儿也不生气。客户知道自己遇上了高手，当即将欠款一分不差地交给了古河市兵卫。

到手的钱才是钱！我本人就有过由于关键时刻没忍住导致本该属于我的并且是煮熟的鸭子飞跑的沉痛教训。当然，即便你已经把煮熟的鸭子吃到肚里，忍还是必须的。如果你只懂得“看在钱的份上，忍着”，终究是落了下乘，因为忍还是一种境界。

4. 想发芽就钻到土里去

曾经看到过一首叫作《更低》的小诗：

大地比脚低
种子愿意更低
种子在泥土里被埋没
还有比种子更低的吗
有，种子身上长出的根
正在向更低的深处赶路
……

张爱玲也说：喜欢一个人会卑微到尘埃里，然后开出花来……

前者是励志，后者是励情，但核心是一致的：人，不论做什么，不论求什么，都不能只看华美的目标，不顾苍白的现实，应该像植物一样，有一条可以无限下行的根，潜心于脚下的土地，致力于大地深处的能量，待到时机成熟，春来日暖，方能冲破瓶颈，攀援阳光，绽放最绚烂的花，结出最厚重的果。

西方也有一个类似的小故事：

数年前，几个美国青年同时从美国著名学府哈佛大学毕业。学习机械专业的青年们都想进入当时如日中天的维斯卡亚机械制造公司，但维斯卡亚方面明确告诉他们，该公司从不聘用只有理论知识而无实践经验的人。其中几位同学只好本着此处不留人、自有留人处的精神去了别的公司，而且直接进入了管理层。唯有一个名叫史蒂芬的同学不为所动，依旧做着进入维斯卡亚公司的美梦。但他自己也清楚，这很可能永远只是个梦。

很快到了秋天，这天，史蒂芬在自家农场帮父亲收割向日葵时发现，由于雨水的缘故，好多葵花子都在向日葵的顶端发了芽。父亲见他发呆，走过来开玩笑说："这些葵花子这么迫不及待要发芽，但结果只有死路一条。想发芽开花，它们必须得钻到泥土里去才行！"

父亲的玩笑话点醒了迷茫的史蒂芬。回到家，他把自己的文凭塞进抽屉，然后再次造访维斯卡亚公司，表示自己愿不计报酬地为该公司工作，终于如愿进入了维斯卡亚公司。

在公司，史蒂芬日复一日地打扫卫生。在此过程中，他细心地观察了整个公司的生产情况。半年后，他发现公司在生产中存在一个技术性漏洞。此后，他用去将近一年的时间，搞出了有针对性的设计。但是当他试图就此向高层提议时，才发现自己根本就没机会见到总经理。甚至当那些存在缺陷的产品一批批被退回公司时，史蒂芬仍然没机会见总经理。

这天，史蒂芬在扫地时听到一位同事说，为了应对危机，公司董事会正在召开紧急会议，但会议进行了六挽救个小时还没有结果。史蒂芬强烈意识到，自己的机会终于来了！于是，他带着自己的设计敲开了会议室的门，对正在开会的总经理说："我可以用十分钟时间改变公司！"

结果，史蒂芬不仅成功地挽救了公司，十年后还荣升为公司CEO，其个人财富也迅速跻身美国富豪前50名！而他那几位直接进入管理层的同学，时至今日依然做着他们那一成不变、没有前途的工作。当他们羡慕地向史蒂芬取经时，史蒂芬的答案总是令人似懂非懂："我只是把自己当成一颗种子钻进了土壤里！"

史蒂芬的话其实非常好懂。我们在小学时就学过一篇课文——《种子的力量》，其中心思想是说，世界上力气最大的不是大象、狮子，也不是传说中的金刚，而是植物的种子。种子的力量之大不容置疑，但若不把它们埋进土壤里，它们又怎么可能发挥出自己的力量呢？

做人也是如此。每个人都好似一颗种子，有的人生在贫寒之家，一无所有，但生活在强加给他"苦难"的同时，也磨炼了他的坚强品质。生活的不易和高压，就好像泥土覆盖着种子，不至于让他干瘪，同时传递给他来自地心的热量和生命之水，一天天地催化着他萌芽，直至盛开，结出丰硕的果实。有的人则好比种子落入温室，生在富贵之家，不需要独自长大。这样的开始无疑是幸福的、幸运的。这样的人也不至于像上文中的向日葵种子一样，只有死路一条。但他们就像温室中的种子永远无法体会到被压在乱石下的痛苦，也无法积攒起推开乱石的无穷力量，难以面对人生的无情风雨。同时，逼仄的温室也决定了他们永远无法成长为参天大树，无法在暴风骤雨中享受与雷电对峙的快活。

与之相类似的是成功学中的"蘑菇定律"。所谓"蘑菇定律"，简单来说就是大多数人刚开始工作或创业时，都像一株被置于阴暗角落的蘑菇，或者被人忽略，或者不受人重视，弄不好还会被人有意无意泼上一头大粪，完全处于自生自灭的过程中。但稍具常识的人都知道，太阳底下是不可能生蘑菇的，阴暗角落才是蘑菇的滋生地，而大粪也可为蘑菇生长提供养分。蘑菇生长必须要经历这样一个过程，而人的成长也肯定会经历这样一个过程。这就是蘑菇定律，也叫萌发定律。

从基层做起的成功人士远不止史蒂芬一人。事实上，在西方绝大多数世界级大公司内，包括CEO在内的管理人员，大都是从基层小事做起的。就连老板自己的儿子，要想成功接班，也得从基层做起。因为不那样做的话，他就无法彻底了解企业生产经营的整体运作，无法积累经验和人气，无法经受磨砺和考验，无法和身边的员工一起成长，为日后发现人才、培养人才打下基础。至于普通青年，当上几天“蘑菇”，也能够消除他们刚踏上社会时很多不切实际的幻想，让他们更加接近现实世界，更加理性、踏实地去追求、去努力。可以说，“蘑菇”的经历对一个人成长来说，就像蚕茧，是羽化前必须经历的痛苦过程。

而国内却完全是另一回事。都说这是个浮躁的年代，功利的年代，个性张扬的年代。很多大学生走出校园时，往往都抱着很高的期望，觉得自己十数年寒窗苦读，虽不至学富五车，但至少也学过好几个书架，到了单位后就应该得到重用，应该得到丰厚的报酬。工资成了他们衡量自身价值的唯一标准。一旦得不到重用，工资达不到预期，就容易失去信心，失去工作的热情，进而消极地对待工作。然而谁都知道，即使是天才，刚走出学校的人，也往往只是理论上的天才，更何况有些人根本就是眼高于顶却手底稀松。退一步讲，即使你初出茅庐便知行合一，但也请记住达尔文的忠告：要想改变环境，必须先适应环境。不信任新人，或者说不敢把重担压在一个新人身上，是普遍的大环境。不管你是谁，只要你是个新人，你首先要做到的就是像一颗种子一样把自己放在无限低处，然后不断积蓄力量，尽可能地生长。美国人有句谚语：想让火鸡崇拜你，那就把自己练得像鸵鸟那么大。当你还不是鸵鸟时，有个把鸵鸟或火鸡嘲笑你，实属正常现象。

5. 别把尊严无限放大

《晏子春秋》中记载了一个二桃杀三士的故事，说的是春秋时期，齐国有三个猛人，分别叫公孙接、田开疆和古冶子，他们因为功勋卓著而备受尊敬，并结为兄弟，自号“齐邦三杰”。但是“三杰”很不会做人，飞扬跋扈、恃宠而骄，连相国晏婴都不放眼里。晏婴担心他们危害国家，便利用邻国领导人鲁昭公访问齐国之机，从皇宫的后园中摘了六枚金桃，两个国君每人一枚，晏婴及鲁国相国每人一枚，剩下的两枚，则让三杰论功而食。古冶子有斩鼋救主之功，公孙接有打虎救主之功，他们自叙功劳后，先后拿走了一只桃子吃掉了。轮到田开疆时，他也自叙有开疆拓土、击溃秦军等大功，晏子及齐王亦认同他的功劳在三人中为最大，但桃已赐完，只能等到来年桃子再熟，另行奖赏。田开疆则认为这是一种耻辱，羞愤自刎。古冶子和公孙接亦因自己功小食桃，备感耻辱而自杀身亡。

在今人看来，三杰的死，实在是不可思议——一个人有没有尊严，是不是耻辱，怎么能简单地跟一个桃子挂钩呢？从一定程度上说，晏婴是始作俑者，用心险恶，但从根本上说，害了三杰的，还是他们胸中那口戾气。

数千年来，无论是为尊严而活，还是为尊严而死，都是值得人们赞美的。类似“宁死不食嗟来之食”、“士可杀不可辱”之类的典故在中国古代，特别是先秦时代，俯仰皆是。人们之所以认可那饥饿的人宁死也不要吃富商的食物，是因为富商满脸傲气，视穷人为猪狗，他的施舍带有侮辱性，是可忍孰不可忍。所谓“卑鄙是卑鄙者的通行证，高尚是高尚者的墓志铭”，有些人之所以为人景仰，有些人之所以为人不耻，区别正在这里。

然而，正如田开疆等人自杀之际并不明白自己的行为不是维护尊严而是十足的愚蠢一样，现实生活中的很多人也往往是把尊严无限放大，把尊严等同于一只桃子，甚至鸡毛蒜皮之事。毫无疑问，这既是对尊严的曲解，也是对生命的不尊重。

相对于尊严，普通中国人更注重的是面子。换言之，尊严在我们的国度，早已沦落为廉价的面子。在生活中，不少人往往把家财万贯、高高在上、才华横溢称之为有面子；犯了错误、受到挫折、遭受侮辱称为丢面子……更有甚者，用柏杨先生的话说，中国人爱面子已经爱到了万劫不复的地步，为了维护所谓的面子，大多数人在因为自己的错误丢了面子时，第一时间想到的不是改正错误，而是制造更多的错误，去掩盖第一个错误！还有些人，即使是铁证摆在面前，也还是要鸭子死了嘴硬，宁死也不说丢面子的话。这些，无疑都是走入了要面子的死胡同，即所谓“要面子，不要脸”。

死要面子活受罪——这是每个人都知道的道理。俗话说得好，“人为一口气，佛为一炷香。”为了自己早已错位的面子，很多人明明家里已经揭不开锅了，但还是不愿意稍微低下自己高昂的头颅，做一些在他们看来没面子的事。比如现在经常提到了大学生毕业即失业的问题，事实上，只要他们肯把自己放低，肯从零做起，从低薪做起，而不是宁可啃老也要高不成、低不就，就业大抵还是不成问题的。关键在于，他们心目中的就业起点太高，甚至高到了令我这个在职场打拼了十几年的人一度都不敢妄想的程度。

要面子的人，大多个性强硬，甚至强硬至令人难以接受的程度。笔者所在的编辑部，就曾来过一位“牛人”，他做的工作，别人是不能提任何反对意见的。一旦有人不顺从他，他就会大放厥词，宣称别人是笨蛋……总之，所有不该出口的粗话，都从他嘴里冒出来了。最后，老板只好“请走”这“牛人”。谁知他临走时还留言：“咱人穷志不穷！”

要面子的人，也大多缺乏灵活性。就说那个“不食嗟来之食”的齐国人吧，《礼记》中的原文如下：

齐大饥。黔敖为食于路，以待饿者而食之。有饿者，蒙袂辑屦，贸贸然而来。黔敖左奉食，右执饮，曰：“嗟！来食！”扬其目而视之，曰：“予惟不食嗟来之食，以至于斯也！”从而谢焉，终不食而死。曾子闻之，曰：“微与！其嗟也，可去，其谢也，可食。”

这段话的白话意思是说：有一年，齐国发生了严重的饥荒。一个叫黔敖的富人在路边准备好饭食，以供过路的饥饿的人来吃。有个饥饿的人用衣袖蒙着脸，脚步拖拉，两眼无神地走过来。黔敖左手端着主食，右手端着汤，对他说：“喂！来吃吧！”那个饥民抬起眼看着他，说：“我正是因为不吃出言轻蔑者的食物，才落到这个地步！”黔敖很羞愧，赶紧追上前去向他道歉，但他仍然不吃，最终还是饿死了。孔子的弟子曾子听到这件事后说：“恐怕不用这样吧！黔敖无礼呼唤时，当然可以拒绝；但他道歉之后，为什么不去吃呢？”

再次重复这个故事，无非为了强调一点：很多事情都应立体、全面地去看待。比如故事中的黔敖，你可以把它看作一个出言轻蔑之徒，狗眼看人低之辈，也可以把他看作一个不是很会说话的大善人。更何况黔敖与那个饥饿的人素不相识，不知道他的尊姓大名，说声“嗟！来食”，其实也没什么不当之处，难道还得让人说：“老爷，请用膳？”这就好比一个人去找工作，主考官直接问他：“你是来找工作的吗？”难道他便要因此拂袖而去？

说一千道一万，尊严也好，面子也罢，在很多情况下还是与实力直接挂钩的。生于卑微、尚未闪亮的我们，有追求尊严的权力，也要有捍卫尊严的决心。但如果我们除了尊严和爱面子之外，拿不出一点可以证明自身价值的东西，那我们的尊严除了能给我们带来伤害之外，绝对带不来任何正面的东西。所以，无论我们现在处在什么地位，扮演什么角色，都应该要有尊严地活着，也应该想办法在卑微中积蓄力量，最终让自己不再卑微，活得真正有尊严。

第四章

失望·渴望·拼

财富路上的逆袭

1. 抱怨，有谁能听得见

多年前，听过一首名叫《路漫漫》的摇滚歌曲，歌词如下：

什么话都不要说，
我知道我该怎么做，
七岁的时候就明白了，
我哥哥给我上了第一课。
记住没人会同情你，我亲爱的兄弟，
你最好鼓起勇气，才能活下去。
因为路漫漫，其修远，
而我们不能没有钱。
路漫漫，其修远，
我们要上下而战斗。
遇到了第一位姑娘，
我觉得她很不一样，
有天我们在床上，
你猜她对我怎么讲？
没人稀罕你的感情，我亲爱的，
你最好变得富裕，如果你爱我。
因为路漫漫，其修远，
而我们不能没有钱。
路漫漫，其修远，
我只是不想太孤单。

我不能，我不能，我不能没有钱，

我不想，我不想，我不想太孤单。

你慢慢，你慢慢，你慢慢会习惯，

你抱怨，你抱怨，却没人听得见……

的确，就像这首看似轻松实则深沉的歌曲所悲叹所讽刺的，我们的人生路太过修远，没有钱的日子更加艰难。每个人都要上下而战斗，为了钱，也为了以钱为前提的各种必不可少的物质和包括爱情在内的精神需求。如果它们暂时都不属于你，那实属正常，人世间多的就是穷人。千万不要抱怨，因为没有人听得见。即使有人听得见又怎样？柏杨先生说，那比自行车胎漏气的声音还没意义。

有位不知名的哲人说得更伤人：抱怨是无能的表现！话虽刺耳，但绝对是真理。抱怨是弱者的专利，而生活的强者，生活给他们的不如意也不少，他们只是比前者懂得，每一条通往美好的大路都是由磨难铺就的。磨难是用来面对的，你只能用行动去踩平，而不能靠舌头去抹平。

很多人会说，谁愿意抱怨啊？你是不了解我的痛苦！确实，家家有本难念的经，有的经甚至让人无从念起，但是抱怨又能怎样？它只会让你继续停留在失望之地。如果你暂时没有能力改变它，那你至少应该先静下心来接受它。直面你毫无选择的事实，对症下药，是唯一的希望。

据说，曾有一位科学工作者，为了将任何现代仪器都无从下手的人头盖骨按天生的结合纹路打开，最后在头盖骨中放了一些种子，让它们生长起来，最终顶开了头盖骨。此事真实与否暂且不谈，我们可以感悟出这样一条真理：人，首先要学会在夹缝中生存，才能突破夹缝的局限。

人们常说，一个人失败，绝不会只败在一个方面，而往往是整体的失败。但所有的失败型的人，大多有一个共通之处，那就是在“总结”自己失败的原因时，往往会责备社会、制度、命运、他人，等等，唯独不责备自己。在抱怨自己失败的同时，他们也热衷于对他人的成功愤愤不平。在他们看来，那些成功人得到的东西无一不是从他应有的份额中巧取豪夺走的。应该说，这种现象在人类社会始终表现得很普遍。我们也可断言，不管社会发展得多么先进，那些掌握着更多资源或者说占据有某些天生优势的人，仍会自然而然或者有意为之地把自己的利益取得建立在别人的损失上面。这是一条难以改写的铁律。尽管有时候它表现得并不是那么明显，但它就如同动物王国中的身强力壮者会自然而然地赢得地盘及交配权一样，也如同植物王国中的参天大树会伸出更多的枝叶、根须与周围的小草争夺更多的肥料、阳光和水份一样。从造物主让所有生物自谋出路之时，它便再也难以改写。人类社会虽然不至于如此野蛮，但在战争和杀戮都远未结束的今天，我们只能理智地看待一些不平事。即使是最弱小的弃儿，也不应该抱怨。这就好比一头鹿天生要被狼吃，但它不能抱怨。它只能强健自己的四肢，练好自己的逃生能力。这也好比一株小草天生要被鹿吃，但它不能抱怨，它只能忍着切肤之痛，把自己的根扎得更深以免被连根拔起一样！

最后来看下面的小故事，然后问问自己有没有资格抱怨。

2004 年 5 月的一个晚上，在 12000 余名观众雷鸣般的掌声中，一位“半身人”用双掌撑地，一步步地走上了青岛天泰体育场的主席台。

这个半身人来自澳大利亚，名叫约翰·库缇斯，天生下肢畸形，但是他却用双掌走遍了世界上 190 多个国家和地区，被誉为“世界上最著名的残疾人演讲大师”。此外，他还是大洋洲残疾人网球赛的冠军，是游泳健将，甚至只用两只手就能开汽车。

“大家好！”打过招呼，库缇斯拿起了桌子上的矿泉水瓶子，边比划边说：“从一出生我就是个悲剧，当时我只有矿泉水瓶这么大，两腿畸形，医生断言我活不过当天，可我活到了现在，35岁的我依然健在，而且经常在世界各地旅行……”

库缇斯一口气讲了半个小时，其间，观众们的掌声几乎就没停过。最后，库缇斯突然举起手里的一件东西说：“我非常感谢青岛朋友的热情招待，我下榻的宾馆条件非常好，但有一样东西让我不知所措，服务生却每天都会把它放在我的床头。”说完，库缇斯把他说的东西扔向了听众席，原来是一双一次性拖鞋。

听众席一片肃静。

“如果你能穿拖鞋的话，你是幸运的，你是没资格抱怨的！不是每个人都能够穿拖鞋的！”库缇斯大声说。听众席上立即爆发起一连串的喝采声，紧接着是长久的掌声。

和库缇斯相比，我们有没有资格抱怨？有，也不要抱怨，因为有资格的库缇斯正是这样做的。

2. 依靠，有谁能靠得住

相传明朝时，四川境内有个禅院，院里的住持和尚有一天在路边无意中拾得一个青瓷碗，便把它带回禅院。当天晚上，住持折了一朵鲜花放在碗里，用它来供佛，谁知第二天早上醒来一看，碗里竟开满了鲜花。住持既惊奇又疑惑，便到厨房里抓了几粒大米，放到碗里，结果第二天早上，碗里又装满了白花花的大米。后来，住持又尝试着往碗里放少许铜钱或碎银，过一夜，也都能得到满满一碗钱财。从此以后，这个禅院迅速富裕了起来。

几十年后，这个住持和尚渐渐老迈，有一天，他推说要过江去查田，带着众弟子一同前往，船至江心，他忽然从怀中取出那个宝碗，一扬手便抛入了江心，转眼即没！弟子们都惊呆了，当然也有人很愤怒，住持则平静地解释道：“我已经时日无多，有我在，震慑着你们，你们还能安守本分。我死之后，你们难道能谨慎守节吗？如果做不到，它只会给你们带来灾祸。我把它扔了，是不想增加你们的罪过啊！”

这只是一个故事，莫说世上没有什么宝碗，即便是有，也不一定要扔掉。非洲地区、东南亚地区、战乱地区、老少边穷地区，还有很多穷人吃不饱饭，用它来生发些粮食，救助更多的人，不更符合佛法的逻辑吗？

当然我们知道，故事中的住持，包括这个故事的原创者用心非常明显，即使告诉人们世上如果还有什么宝物的话，那一定是自己的双手。除了它，没有什么东西，也没有什么人能让人依赖一辈子。尽管“我让你依靠，让你靠”之类的情歌唱得人们心花朵朵开，但过来人都知道，这个世上，没有人比自己更可靠。

我们这么说，并不是指摘人情冷暖，而是为了打醒那些对现状不满，对自己又没信心，但偏偏对某些人特别有信心的人。这种人，类似于植物界的藤条，由于从一开始就把自己的人生建立在别人身上，甚至把自己的基本立足都建立在别人的扶助下，一旦别人撒开手，便匍匐在地，再也爬不起来了。

这是谁的原因呢？或许应该先打醒那些害了他们的父母。每个中国父母大概都曾对自己的孩子讲过这样一个故事：

从前，有一对夫妇老来得子，视若掌上明珠，对宝贝儿子百般怜爱，要星星不给月亮，养成了儿子饭来张口、衣来伸手的习惯，什么事也不沾边，十来岁了连衣服都不会穿，吃饭都吃不利索。偏巧有一天，夫妇俩要出趟远门，还不能带儿子同往，于是细心的爹娘特意给儿子烙了许多大饼，中间挖了个洞，套在儿子的脖子上，嘱咐他饿了就吃饼，饼吃得差不多了，父母估计也就赶回来了。哪知道这个宝贝儿子由于缺乏动手能力，以至于只吃掉了前半边饼，最后挂着后半边饼呜乎哀哉了！

这个故事更加荒诞，但它能千古流传，足见绝非偶然。他告诉我们，依靠、依赖思想往往会使人丧失立足社会的能力，一旦离开他的“靠山”，如父亲、亲戚、家族、组织等等，其人生支柱立时倒塌，且很难再重新爬起来挑战生活。也只有到了这种境地，他们才会意识到，以往让他们要风得风要雨得雨要饼就给套到脖子上的慈母仁父的溺爱，其实是父母给自己的最可怕的礼物！

俗话说，自古英雄多磨难，从来纨绔少伟男。古时候，一些权门公子或富家哥儿，依靠祖上或父辈的高官厚储，长期过着奢侈淫逸、醉生梦死的寄生生活，饱食终日，无所事事，时不时惹是生非，成为舆论的主角、社会的反面教材，而绝大部分只能昏庸到老，难有长进。现代社会，何尝不是如此？其实人生在世，是幼则仰食父母，长则反哺双亲，做不到兼济天下，至少也要做到独善其身吧？故此，才不负我们做人的价值和尊严。若在动物世界，没有谋生能力的动物只能被无情淘汰。在人类社会，这样的人虽不至于被淘汰，但所能享受的也只有世人鄙视的眼光。

最后来重温一下“郑板桥教子”的典故。

众所周知，郑板桥一生难得糊涂，但在教育后代方面，他却一点也不含糊，而且称得上教子有方。史料记载，郑板桥 52 岁方得一子。当时他官居县令，有田产 300 亩，他的儿子也算是含着金钥匙出生的富家子弟。但郑板桥从不溺爱儿子，注重言传身教。直到病危时，还不忘最后一次教育儿子。

这天，郑板桥的病情愈加恶化，人们都在担心他的身体，他却提出让儿子亲手给他做馒头吃。儿子根本不会做，但父命难违，而且看着父亲越来越虚弱，恐怕难以支撑多久，儿子只好答应。但儿子根本不知如何下手，站在那里干着急。郑板桥便指点儿子，可以请厨师指导，不过必须自己亲手学着做，不能让厨师代劳。结果儿子费了半天工夫，终于将馒头做成。可是当他把自己亲手做的馒头送到父亲面前时，郑板桥已经气绝身亡！

儿子悲痛欲绝。忽然他发现茶几上放着一张纸条，赶紧拿起来看，只见上面写着："淌自己的汗，吃自己的饭，自己的事自己干，靠天靠地靠祖宗，不算是好汉！"看罢，儿子恍然大悟，明白了父亲临终前要他亲手做馒头的用意——自力更生，自强不息！

52岁才得一子的郑板桥，对儿子的钟爱之情可想而知，但他的做法却显得那么特立独行。中国父母对孩子的溺爱，在全世界范围内恐怕首屈一指。应该承认，疼爱子女是人之天性，但过分的溺爱却让很多人从小养成了凡事靠别人的习惯。有人帮助当然是好事，然而父母毕竟照顾不了儿女一辈子。所谓"自立者，天助也"。只有自力更生，你才能学会从自身力量的源泉中汲取动力，从自身的力量中品尝到甜蜜的味道。

俗语云："靠山山会倒，靠人人会跑。"所以，靠自己，最好。不要再说什么"学好数理化，不如有个好爸爸"，因为丧失自主能力的人，才是最不幸的人。也许你现在一无所有，但只要你懂得自强自立，即使是最穷苦的人也有登及顶峰的时候。对于有志者来说，成功的道路上根本没有不可战胜的困难；成功的大门，也永远只为那些自立自主的人敞开着。

3. 等待，能等来什么

曾经有一位年轻人向爱因斯坦讨教自己怎样才能成功，爱因斯坦就给他写了一个公式：W=X+Y+Z，并解释说："W代表成功，X代表实干，Y代表正确的方法……""那么Z呢?"年轻人迫不及待地问道。爱因斯坦回答："立即行动，不要等待。"

没错，梦想是用来实现的。如果你有梦想，那就及时用勇气、尝试、行动和付出去捍卫它。一万年太久，只争朝夕。人生的很多事情，就像旅行，当你踏出出发的第一步时，最令你犹豫不决的那部分其实已经完成了。世上无难事，只有畏难人。我们上学时都学过那篇穷富和尚游南海的故事：富和尚有钱，多年来一直想去南海游历，却从未成行；而穷和尚却做到了。但穷和尚全部的行李不过一个水瓶、一个饭钵。

众多失意者都曾坦言：自己这辈子之所以没能成为理想中的自己，或者留下了某些遗憾，就在于他们都像那个富和尚一样，遇事瞻前顾后，患得患失。为此，世界著名学府哈佛大学还专门开设了一门"行动成功学"，旨在告诉人们"有梦想就要大胆行动"。数年间，数以万计的哈佛毕业生用实际行动和自身成就证实了这句话的含金量。

国内也不乏案例，比如高燃。

高燃的经历颇具传奇性，中专毕业后，他便南下深圳打工。仅半年时间，他便凭借勤奋和能力坐到了管理层的位置，月薪5000元。当时他刚刚17岁，可他并不满足。不久，他放弃了工作，回到家乡，准备冲击自己的大学梦。但没有一家学校愿意收他，因为他没读过高中，学校认为他考不上大学，必然影响学校的升学率。经过无数趟奔波，终于有一个学校收下了他。第一次月考，他考了个全班倒数第二；第二次月考，他便上升为全班第一；第三次月考，则是全市第一；最终，他考上了清华大学！

毕业后，高燃成了一家报社的财经记者。仅仅 4 个月，他就成了报社最出色的记者之一。但没过多久，他那颗不安分的心又躁动起来。他不想和身边的同事们一样，日复一日地做着没有激情的工作，那不是他的梦想。他决心创业。

几个月后，他写出了一份商业计划书。有了创意，没有资金，高燃只好主动出击，到处寻找风险投资商。

一天，他听说雅虎创始人杨致远要去某地开会，兴奋得一夜没睡好，心想真是天赐良机，明天就去堵杨致远，管它成功与否，先堵住再说。凭借记者的身份，他很容易地就进了会场，却始终找不到与杨致远单独交谈的机会。散会后，他尾随在杨致远身后，见杨志远进了电梯，他一个箭步冲进去，迅速按下了电梯的关门按扭。杨致远对着他大喊："我的同事还没进来呢！"

瞅了一眼关好的电梯门，他拿出了自己的计划书，杨致远恍然大悟，接过，看了看，然后递给他一张名片，说"我回去看看，回头答复你"。但左等右等，杨致远始终没有回音，高燃只好继续做他的记者。

不久，他去参加一个科技博览会，同行们争先恐后地向那些海归名流提问，把一个当时名气还不是很大的民营企业家晾了冷板凳。见民营企业家尴尬地干坐在那里，他忽然起了恻隐之心，便上前接连向他提了几个问题，替他解了围。

他原本没指望那位企业家能帮到自己，但散会后企业家却主动找高燃聊起了天，他不失时机地向对方谈起了自己的创业构想。看完他的计划书，企业家说：创意不错，我给你投1000万元！但企业家回到公司几天后，又不好意思地打电话说：我请了大批专家，论证你的计划，认为你这个项目风险太大……他再次从希望的巅峰跌到谷底。一小时后，企业家忽然又打来电话，坚定地说："我决定个人给你100万元！董事会的决议我没法改变，但我认为你这个人没有风险！"

第二天，100万元便打到了高燃的账户上。而那个风险太大的项目，就是今天的MySee直播网。

再比如唐骏。

1990年，受出国潮影响，已是北邮研究生的唐骏也想出国。但当时北邮的出国名额已经用完。唐骏想，可能别的学校还有名额。于是他便逐个给北京各高校打电话，询问有没有出国名额。打到北京广播学院时，对方说他们的出国名额还没用完。唐骏撂下电话就带着自己的成绩单去了北广，要求转入北广读研究生。负责接待他的老师问："你为什么要转到北广来？"唐骏说："为了中国的传播事业——中国的传播事业太落后了，我想为它尽一份力量。"老师又问："中国的邮电事业比广播事业还要落后，你怎么不推进邮电事业的发展呢？"唐骏说："我太喜欢广播事业了，想为它献身。"这位老师被忽悠得颇为感动，就给了唐骏一个"献身"的机会。但他刚办完转学手续，就对老师说想出国留学，老师便问：你是不是为了出国才转到北广的？唐骏赶紧说不是，我是想出国学习人家的先进技术，回来武装咱们中国的广播事业。

但是老师说，申报名额已交到国家教育局，时间已经耽搁了，让不让你出国教育部说了算。唐骏便去找国家教育部出国留学司的李司长，他是怎么找的呢？每天站在教育部门口，等待专管此事的李司长，一站就是4天。李司长早上上班的时候，他就迎上去说："司长好，来上班了?"中午，李司长出门去对面食堂吃饭的时候，他就说："司长吃饭啦？您吃好点儿啊!"李司长吃饭回来时，他就说："司长您吃完了？还有点时间，您可以午睡一会儿。"下午下班的时候，他又说："司长下班了？路上注意安全啊!"

这种反常的行为立即引起了李司长的注意。第一天，他心说这小孩真奇怪；第二天见唐骏还这样，李司长甚至怕他有什么过激行为；第三天，李司长又觉得这个小孩儿挺可怜……到第五天中午，当唐骏再次对李司长说"司长您吃完了？还有点时间，您可以午睡一会儿"时，李司长撑不住了，他说我不睡了，你跟我上来一下。进了司长办公室，司长问他："你有什么事吗?"唐骏如实相告。司长什么也没说，打发他先回家。第七天，唐骏就拿到了出国留学批准证。

无论是高燃，还是唐骏，他们的成功很大程度上都得益于他们敢于或者说是被迫一而再再而三地主动出击。他们的故事令我们不得不重新审视那句励志名言——"机遇留给有准备的人"——但有时候，当你准备好了而机遇却未光临，甚至你准备好很久而机遇却迟迟不来时，你千万不要再机械地等待，自己堵住自己的出路。机遇留给有准备的人，但更青睐不放弃的人。

4. 退缩，能退到哪里

恺撒大帝是罗马共和国末期杰出的军事统帅、政治家。他尚未掌权时，曾经奉命率领船队去征服英伦诸岛。但出发在即，恺撒却发现了一个严重的问题：随船远征的士兵实在太少，武器配备也并不齐整，以这样的兵力去攻打骁勇善战的盎格鲁撒克逊人，无异于以卵击石。

然而，军人以服从命令为天职，恺撒终究还是在启航日率领舰队驶向了英伦诸岛。但当舰队到达目的地后，恺撒却命令士兵们全部下船，然后立即命人一把火将所有战舰就地烧毁！然后，恺撒召集全体将士训话，明确告诉大家，战船已经烧毁，大家只有两种选择：一是勉强应战，如果打不过敌人，就被敌人赶下大海喂鲨鱼；二是不看条件，不说理由，奋勇向前，战胜敌人，攻下英伦，那样大家不仅能活命，还能成为罗马人的英雄。

这份再明白不过的动员令发生了巨大的作用，士兵们为了生命，当然也为了荣誉，人人抱定必胜的信心，冲锋陷阵，以一当十，最终打败了强敌，恺撒亦因这一战奠定了日后掌权的基础。

类似的故事在我们历史上也不鲜见，楚霸王项羽破釜沉舟力克强秦的典故就是其一。当时，秦军将赵国军民围在巨鹿达数十日，连驻扎在巨鹿城外的赵国守将都不敢前往救援，其余山东几国的援军更是战战兢兢，不敢向前。唯独项羽，率楚军精锐，只带三天口粮，砸掉行军灶，凿沉渡河用船，与秦军短兵相接，九战九胜，一战奠定了自己西楚霸王的地位。其余几国的将领去参拜项羽时，都因震慑于他的勇力，趴伏在地上，不敢直视！

二战期间也发生过一个类似的故事：当时，盟军为尽快灭亡法西斯德国，决定派一队美国间谍去德国卧底。时间紧迫，训练期限只有短短的两个月，其间他们需要掌握必要的特工技术和德语。但是一个月过去了，大部分士兵还不会说德国话，少数士兵能说两句，但声调怪异、发音生硬。眼看时限将至，长官知道不给他们点儿压力不行了，于是把大家召集到一起，严肃地告诉他们："不要心存侥幸。不管你们会不会德语，一个月后照常出发。"结果士兵们在接下来的日子里日夜苦学，到出发前几乎人人都能说一口地道的德语，甚至连口音和语调都酷似德国人。

难道是这些士兵都有语言天赋吗？当然不是。他们只是知道，如果他们的德语学得不地道，可能刚一跳下飞机就会被德国人发现自己的身份。小命都要不保了，还说什么理由？找什么借口？还是抓紧时间多记几个单词吧！

人生就是这样，不管你有没有准备好，命运随时准备着将你推入残酷的战场。怨天尤人非但没用，反而只会助长悲观的气焰。唯一的办法，那就是接受它，接受它的挑战，然后将它挑于马下！

哲学家说，苦难是人生的一部分，而那些积极追求幸福的人所遇到的苦难，相应的会更多些。的确，追求幸福远比认命更不容易。当然，认命并不必然导致万事大吉，平庸到老。人生是不讲什么道理的，不论你想不想要，很多不如意甚至是不幸，总是会强加给你。对此，我们只有抱定不是你死就是我亡的铁血想法，轰轰烈烈地与它战斗，再无更好的办法。

马云在《赢在中国》里面说："我永远相信只要永不放弃，我们还是有机会的。最后，我们还是坚信一点，这世界上只要有梦想，只要不断努力，只要不断学习，就一定有希望。今天很残酷，明天更残酷，后天很美好，但绝大部分人死在明天晚上，看不到后天的太阳。创业这么多年，我遇到了太多的倒霉事，但只要有一点好事，我就会让自己非常开心，左手温暖右手。”

俞敏洪也曾在演讲中说过：“有一个故事说，能够到达金字塔顶端的只有两种动物，一是雄鹰，靠自己的天赋和翅膀飞了上去。另外一种动物，也到了金字塔的顶端，那就是蜗牛。蜗牛肯定只能是爬上去，从底下爬到上面可能要一个月、两个月，甚至一年、两年。在金字塔顶端，人们确实找到了蜗牛的痕迹。我相信蜗牛绝对不会一帆风顺地爬上去，一定会掉下来，再爬，掉下来，再爬……最终爬到金字塔顶端，收获与雄鹰一样的成就。”

除了我们自己，没有人能拉你一把。无论如何，我们总得往前走。一个人只要还在前进，就没有什么打击能让他屈服。站在生命的最低谷，他们接下来走出的每一步都必然是行向高处。当然，斩断退路，才会有更好的出路。如果他能够像前述几个案例中的士兵一样，把自己当成一个无路可退的人，那么他就能使自己成为更英勇的战士，挺起自信的胸膛，迎接任何挑战，且必将胜利。

世上无常胜将军，在生活的战场上更是如此。但人生没有过不去的火焰山，每个人都时时摆动在幸与不幸、沉与浮、起与落之间。我们不能像鸵鸟一样把头埋在沙堆里，自己骗自己。我们要懂得去面对，做生活的强者而不是做生活的奴才，这是一个成熟的人最起码的表现。

5. 稳定，能稳定多久

20多年前的一个下午，一个女青年鼓起勇气，踏进了美国IBM公司北京办事处的大门。在此之前，她曾经凭借一台收音机，花了一年半时间，学完了许国璋英语三年的课程。

面试像一面筛子，无情地筛下了绝大多数应聘者，但她幸运地卡在了筛子眼里。

主考官问："你会不会打字?"

她根本不会，但她条件反射似的迅速回答："会!"

"那你一分钟能打多少?"

"您的要求是多少?"

主考官说了一个标准，她马上说"没问题"。因为她环视四周，发现考场里根本没有打字机。果然，主考官被她镇定的神情蒙住了，说下次录取时再加试打字。

面试结束，她飞也似的跑回家，借来170元，买了一台打字机，然后没日没夜地敲打。一星期后，她的双手累得连吃饭都拿不住筷子了，但她也奇迹般地达到了专业打字员的水平。

讽刺的是，进入IBM公司后，该公司却一直没考她的打字功夫。就这样，她成了这家世界著名企业的一个最普通的员工。后来，每当谈到此事，她都说："为了离开原来那个毫无生气的护士职业，我绝不允许别人把我拦在任何门外。"

这个女青年，就是曾经担任过微软中国公司总经理的吴士宏，她的经历及成功告诉我们：一个安于现状的人，不可能有更好的发展。然而直到现在，吴士宏口中那个“毫无生气的护士职业”，以及一些相对来说更加稳定但同样毫无生气的工作，每天都还有大批精英在为之挤破脑袋。我们不能否认这种现象，毕竟就业不容易，毕竟个人对生活、工作及未来的定位不同，选择也就会不同。但这样的理念绝对是相对保守的理念，与我们中国人本就内敛的民族性格匹配起来，虽相得益彰，但并非绝对的好事。

随着时代的发展，人们对于稳定的着眼点也在逐渐变化。在过去，人们推崇“铁饭碗”、“金饭碗”。当然现在这种人也大有人在。但现在人们推崇金钱更甚于“铁饭碗”。人们更愿意相信，家里有钱，心里才不慌。也因此，人们在理财与投资方面的心态尤其保守，具体说来就是：能存死期，绝不存活期；能买国债，绝不炒股；能买房子，绝不创业……

有本书叫《给你一个亿，你能干点啥》，这书名起得忒不负责任，谁能给我一个亿？所以我们应该问得靠谱点儿：给你五十万，或者再多点儿，你是拿来创业，还是拿来按揭买房？我曾经就这个问题问过很多人。很遗憾，大多数人都会选择后者。理由则是：买房不仅能保值，还能升值，再不济也有一套房住。而创业，弄不好一夜回到解放前，感情上让人很难接受。有这样的想法，无可厚非，但如果说这些人的人生已定格在了一套房子上，他们肯定不服。可事实就是如此，无须过多解释。

很多人都羡慕陈天桥。但很多人不知道，当年陈天桥辞职去证券公司时，不仅已贵为上海陆家嘴集团董事长秘书，而且即将面临分房。一位精明的上海同事好心劝他：“小陈，咱们这儿快要分房子了，你等分了房子再走不迟。”陈天桥却说：“难道我这辈子，自己还挣不了一套房子？”

很多人都羡慕马化腾。但很多人不知道，当年他们几个人是凑了 50 万元，用它买了梦想，而不是买房。

同样的例子还有丁磊、马云等财富大鳄。他们当初都是借钱、凑钱起的家，他们都没有买房，而是用买房的钱买了梦想。我说这些绝不是劝你不要买房。我并不认同所谓“35 岁之前买房就不会有大出息”的理论。我只是提醒，人生就那么几步，错过一步可能就遗憾终身。如果还未把自己的人生定格于一套房子，切不可为一套房子让你的梦想夭折。

有资格参与到“买房还是创业”这一话题中的读者是幸福的，哪怕是借钱，有人肯借，能买个属于自己的房子也是好事一桩。现实生活中还有很多人，他们的情况相对更加糟糕，他们面临的问题，往往不是“创业还是买房”的问题，而是必须在改善生活与改变命运之间做出抉择。

著名高尔夫球手老虎伍兹就遭遇过类似的困境。伍兹从小就立志成为尼克劳斯（当时世界上最优秀的高尔夫运动员）一样的人物；但家境贫寒的他根本打不起球。后来初中体育老师发现了他的才华，并自掏腰包让他去俱乐部打球，伍兹的球技才得以突飞猛进。可没过多久，一个同学帮伍兹谋到了一份周薪 500 美元的职位，这对家境贫寒的伍兹而言诱惑力非常大。于是他婉转地告诉老师，自己想参加工作，改善家境，不想继续打球了。老师说：“孩子，难道你那成为尼克劳斯的梦想只值每周 500 美元吗?”一句话打消了伍兹的念头，坚定了他的信念。几年后，他终于成为世界著名的高尔夫球手。

现实过于残酷会扼杀一个人的梦想，但有时，现实过于美好同样会羁绊一个人前行的脚步。温柔乡即英雄冢，生活过得太安逸，时间一长，难免失去斗志。SOHO 中国有限公司董事长潘石屹在清华大学演讲时曾经提到过这样一个小故事：

1984年，我21岁，大学毕业后被分配到河北廊坊管道局工作。几年后，单位新分配来一个女大学生，她对分给自己的办公桌椅非常挑剔。我劝她："凑合着用吧。"她却说："小潘，你知道吗，这套桌椅可能要陪我一辈子的。"这话深深触动了我：难道我这辈子要与这套桌椅一起度过？

后来，我遇到一位在深圳下海经商的老师。老师说，现在的深圳，如火如荼，钱多，机会也多。我问："要那么多钱干什么？"老师说："要钱干什么？就比说你身上的衬衫吧，如果你有钱，你就可以买两件，等一件穿脏了，你就可以换另外一件。"

不久，我便辞了职，揣着变卖全部家当换得的80元钱，投奔那位老师而去。

类似的例子我们还能列举很多，但宗旨无非一句话：如果你还有梦，就应该勇敢去圆梦。平安，可能更属意那些老实人；但精彩，一定属于弄潮儿。社会的发展与进步，也恰恰在后者而不是前者身上。

向上·处下·和

财 富 路 上 的 逆 袭

1. 精英本无种，人人当自强

狄青是北宋时期的名将，他从普通士兵做起，战功卓著，最终得以出任枢密使，位列宰执，声名显赫。在当时，统治阶级为了防止基层士兵逃跑，往往在士兵脸上刺上字，称为“面涅”。当然，这种字是可以用特殊的药水洗掉的，但狄青即使做了枢密副使，面涅仍然在脸。有一次，当朝皇帝宋仁宗都看不过去了，劝他把这身份低微的标志去掉，狄青仍然不肯，并解释说：“我留着它可以激励军中的士兵。”

一般来说，即使是普通老百姓，也会因为怕人瞧不起适当遮挡自己种种不如人的痕迹，而狄青，事实上已经是军中统帅，却执意不肯掩盖自己低微的出身，无疑更显得难能可贵。他认为，自己的升迁，靠的是战功，而不是某些人刻意标榜的出身、门第，因此保留下面涅，正好可以现身说法，激励部下多立军功。他的这种蔑视门第、不以贫寒出身为耻的高尚情操，是值得每一个人尤其是出身平民的人学习的。

相比而言，同为宋朝宰相的李邦彦的境界就显得太低下了。李邦彦是北宋末年有名的“浪子宰相”，他的父亲是个银匠，有人以此来讥讽他，他便回家对母亲撒气，大有怪母亲当年不应该嫁个银匠连累自己被人瞧不起的意思。其母训谕他说：“宰相家里出了银匠，是有些不体面，但银匠家里出了宰相，不是挺光宗耀祖的吗？”

诚如李邦彦之母所说的那样：银匠家里出宰相，正好说明李邦彦不是靠门第、靠关系发迹，而是自我奋斗的结果，不仅不必自卑，反而是极为自豪的事。这对于今天无数没爹可拼的年轻人来说也是个有力的鞭策。过去有句流行语，叫“出身不由己，革命靠自己”。所谓革命，过于我们总是以极严肃的态度看待它，其实革命很简单，改变自己的命运而已。所以我们说，“出身不由己，勤奋靠自己”。

不得不说，无论是封建年代，还是当今社会，人际关系仍旧是中国人最为复杂的一课。对此，我们必须学会淡定，有些人愿意把出身、门第、关系、裙带当作无价之宝，很大程度上在于他们既没有通过自身努力改变命运的能力，也不想为了获取这种能力付出努力。“人上一百，形形色色”，社会上的人们，怎么活着的都有。谁也不能强制一个人是发奋图强，还是苟且偷生，所以别管他人怎么混，要紧的是做好自己。

我们再来看一个经典案例：

德怀特·戴维·艾森豪威尔是美军历史上唯一当上总统的五星上将。在美军历史上，他晋升速度“第一快”；在历届总统中，他出身“第一穷”。从一个平民之子，到举世瞩目的美国总统，艾森豪威尔凭的是什么？用他自己的话说，这一切源自于年轻时的一件小事：

有一次晚饭后，艾森豪威尔和家人一起玩纸牌游戏。他的手气很糟糕，一连几把牌都很坏。当他再次抓到一把烂牌时，他变得很不高兴，开始抱怨上帝。这时他的母亲停了下来，正色对他说道：“如果你想玩，就必须用你手中的牌玩下去，不管那些牌是好是坏！”

艾森豪威尔一愣，母亲又说：“人生也是如此，发牌的是上帝，不管牌怎样你都必须拿着。你能做的就是尽你全力，打好手里的牌，求得最好的结果！”

很多年过去了，艾森豪威尔却一直牢记着母亲的话，从未再对生活有过任何抱怨。相反，他总是以积极乐观的态度去迎接命运的每一次挑战，尽力做好每一件事，最终从一个默默无闻的平民家庭走出，直至成为美国总统。

人生犹如打牌，既然发牌权不在我们手里，那么永远不要抱怨手里的牌不好。人往高处走，水往低处流，怕就怕原地踏步，吃饱混天黑，却自我感觉良好。不想当将军的士兵不是好士兵。无论是古时候的帝王将相，还是现代人所谓的精英，其基因与大多数人相比都没有任何差别，其染色体也绝不会多出半条。出身底层，家境贫寒，不是谁的错，但谁若屈服于现实，对现状无动于衷，那绝对是他自己的问题。

芸芸众生，不认命的有几个？大多数人都不过是在现实中艰难乞食，抓紧手中的鸡肋，无视命运的盛宴。客观看待一下自己窘迫的生活吧！给自己一点压力，也给自己一份希望吧！千万不要抱怨自己三十而立却一事无成，因为同样的年纪，刘备还在织席子、编斗笠，姜子牙更是晚到了八十岁还在渭水河边假装钓鱼爱好者。更不要说是自己的起点限制了你。因为胡雪岩是从倒尿壶做起的，李嘉诚是从倒茶水做起的。阿里巴巴创始人马云，最初连发邮件都不会。精英本无种，人人当自强。没有人会输在起跑线上。现在开始行动，一点儿都不晚。只要往前迈一步，成功就离我们近一步。

2. 贵人就是贵自己

20 世纪 80 年代，有个年轻人单枪匹马来到改革的最前沿——

深圳闯世界。一个偶然的机会，他发现了商机，随即做起了饲料中转生意：从东北运来玉米等原料，然后销往各饲料加工厂。每当货物到站时，他就立即赶到货运站，雇请民工装卸玉米包。除了指挥搬运，一有空闲，他还亲自上阵扛玉米包。仗着年轻力壮，150斤的玉米包，肩头一扛来回十几趟，却也健步如飞。时间长了，不少人大惑不解，说“一辈子没见过扛麻袋的老板”。有一次中途休息，有个民工忍不住问他：“你是老板，随便干点什么不好，何必跟我们一起扛麻袋呢?”他淡淡一笑，没说什么，因为他实在说不出理由，心里就是有一股做事的冲动。

凭着这股干劲，他的饲料生意越做越大，销路也越来越广，但运输成了他的一块心病。那时火车皮异常紧俏，谁有本事多弄一个车皮，就等于把钱装进了口袋。为了能申请到计划外指标，他拎着高档香烟，敲开了货运站主任的家门。还没等他张嘴，主任先开口了：“你是来要车皮的吧?”

主任的开门见山让他大感意外，只好点头说：“是，是，您能给我两个计划外的车皮吗?”平生第一次给人家送礼，他心里难免有些紧张。

“你把烟拿回去，明天到办公室找我!”主任对他说。

回去的路上，他不停地骂自己没用，才说了一句话就给撵出来了，也许是送的礼太少了。

次日一早，他硬着头皮找到主任办公室，心里七上八下的。主任却热情地招呼他：“年轻人，我早就认识你了，不知道吧?”

“这才第二次见面，主任早就认识我了?”他心里嘀咕着。

“我在货运站这么多年，只见过一个扛麻袋的老板，就是你。我觉得你很想干一番事业，一直想帮帮你，没想到你主动找上门来了。”主任爽朗的笑声终于让他如释重负。

第二天，在主任的帮助下，他如愿以偿地申请到了车皮。

这个年轻人后来成了国内鼎鼎大名的房地产企业家，他叫王石，深圳万科集团创始人。

几年前，王石在自传《道路与梦想》中提起此事，依然感慨万千。他说：“通过这件事，我悟出了一个道理：在商业社会里，金钱不是万能的，金钱是买不来尊重和荣誉的。那个主任正是欣赏我做事的态度和吃苦精神，所以才愿意无偿地帮助我。”

现在看来，“那个主任”无疑是王石的贵人，因为有了他雪中送炭般的帮助，王石的事业开始蒸蒸日上。但是，这个贵人不是从天而降的“活菩萨”，他是因为看到王石是个扛麻袋的老板，才肯伸出援手的。从这个角度看，贵人不是别人，正是王石自己。

俗话说，背靠大树好乘凉。人生路上，遇上一个贵人，可以让人成长得更快，甚至可以让人直接得到某些别人奋斗数十年而不得的东西。所以，古往今来，人们都在强调贵人，都在不遗余力地发现贵人、依靠贵人。然而贵人之所以为贵人，就在于他们与所有珍贵的东西一样，都是物以稀为贵的，在很多时候还是可遇而不可求的。所以，我们不能把所有的希望都放在贵人身上。如果你得不到贵人的帮助，那就自己帮助自己。

民间有句大实话——扶竹竿不扶井绳。说白了就是，社会上的人大多势利，高岗添土、低洼浇水，鲜少有雪中送炭者。人性就是这样，你越是有实力，越是努力，别人就越是尊重你，愿意帮助你。所以，如果你得不到贵人的帮助，那只能说明你的实干精神还不够。沉下心，好好干，贵人也许就在不远处看着你。

总有人说，我也想改变，可是我没有机遇，没有伯乐。这在一定程度上是事实。期盼贵人出现，帮我们走出困境，实现人生的转折，无可厚非。但当贵人远水解不了近渴时，真正能帮我们走出困境的贵人，还是我们自己。

人生充满了因缘际会，每一个因缘都可能将自己推向高峰，或者推向低谷。事实证明，贵人给我们带来的也并不全都是好运。塞翁失马，焉知非福？如果不具备掌控自己生活的超强能力，贵人就算来了，也可能会摇摇头转身离去。所以，指望贵人，不如指望自己。从现在做起，从自身做起，把每一件事都尽量做到完善，把每一个机会都抓在手里。这样，我们就不用巴结任何人，不用祈求任何人，因为我们就是自己最重要的贵人。

有人说“贵人难寻”，有人说“富贵在天”。其实，这都是每个自己“懒惰”和“不得志”的借口。成功的机会，遍布生活的每个角落，只是许多人都缺乏发现的眼睛。不要遭受丁点打击就死死认定了命运，自暴自弃，那是弱者的思维方式。

世上从来就没有命中注定这回事，每个人的命运都掌握在他自己手中。心有多大，舞台就有多大。丑小鸭变成白天鹅，只需要一双翅膀；灰姑娘变成美公主，只需要一双水晶鞋。

有没有遇到贵人，不要紧。要紧的是自己要随时保持一种勇士气质——命运把你扔到天空，你就做鹰；把你扔到草原，你就做狼；把你扔到山林，你就做虎；把你扔到大海，你就做鲨……或许你永远遇不到贵人，但你永远都是别人眼中的贵人。

3. 高高山顶立，深深海底行

有这样一个寓言：

春天，母鸡和母鹰同时教各自的孩子飞翔。一天下来，小鹰跌得遍体鳞伤，小鸡却毫发无损。母鸡有点看不过去，指责母鹰虐待儿童。母鹰笑笑，什么也没说。

第二天，第三天……小鹰依旧遍体鳞伤，小鸡依旧毫发无损。

但几个月后，小鹰飞上了蓝天，小鸡却只飞上了墙头。

母鸡酸溜溜地问："老天真是不公平！凭什么让你们鹰类搏击长空，却让我们鸡类在墙头上扑腾？"

"你忘了你是怎么激励小鸡的吗？孩子，快飞上墙头，那里有你最爱吃的玉米！你们的目光太短浅了，所以你们注定与天空无缘。而我们鹰类，就算是死，也不允许自己苟且偷生！"

这个寓言充分说明了"志当存高远"的重要性。正如同一只为玉米而奋斗的母鸡的高度不会超过墙头一样，一个人的成就也往往超不出他的志向和目标。

想当年，李斯不过是楚国上蔡郡中一个小小的粮仓管理员。有一天他上厕所，惊动了一群老鼠，这些在厕所里栖身的家伙，个个瘦小枯干、毛色灰暗，身上又脏又臭，让人恶心。再想自己在粮仓里看到的老鼠，一个个脑满肠肥、皮毛光亮，整日在粮仓里逍遥自在，与厕所里的老鼠真是天壤之别！再想想自己，在这个小小的粮仓中一呆就是八年，从未看过外面的世界，这与那些厕所里的老鼠何异？于是李斯决定换一种活法，第二天他就离开了上蔡，寻找自己的粮仓之路。20多年后，他便成为了一人之下万人之上的大秦丞相。虽说他的“仓鼠理论”历来为正人君子所不齿，虽说他的结果也很悲惨，但终究也是波澜壮阔的一生。

想当年，出身雇农、穷了不知有多少代的陈胜，站在大秦王朝的田埂上，满怀激情地对同事们说出了日后传诵千古的六个字：“苟富贵，无相忘。”心是好的，但却遭到了同事的耻笑：你个种田的，哪儿来的富贵？于是陈胜再吐豪言——“燕雀安知鸿鹄之志哉!”这话虽然说得很不符合身份，但却是一个小人物进入主流社会之前的必要心理准备。结果，他年他月他日，陈胜果然富贵了。虽然他的失败来得也很快，但他毕竟证明了即使现在佣耕，也应该树立他日富贵的大志。

想当年，未出隆中的诸葛孔明不过是一个“乡野村夫”，但他却经常自比管仲乐毅，结果为一些腐儒讥笑。但事实证明，诸葛亮确实是一个有大抱负的经天纬地之材。可见，唯有在志向上“会当凌绝顶”，才有可能在事业上“一览众山小”。

想当年，宗悫年仅十四岁就立志“乘长风破万里浪”，结果几年后便做了大将军，受封洮阳侯，兑现了自己的壮志豪言。

想当年，左宗棠虽然数次落第，但他“身无半亩，心忧天下”，立志做大事，结果得到了当时许多名流显宦的赏识和推重，最终成为了乱世之中的中流砥柱，为平定叛乱、收复失土做出了巨大贡献。

……

太多的“想当年”，一再为我们验证什么叫做“有志者事竟成”！最大的贫穷是志穷。无论做什么，当务之急都是思想脱贫。但话说回来，志向要远大，路还是要一步一步地走。生活中，往往越是穷得一塌糊涂的人，越是看不起小钱，不屑做小事。他们做梦都在想着怎么赚大钱、做大事、成大器。勉强去做小事、赚小钱，也是迫于无奈，一边做还要一边牢骚满腹，诅咒社会。殊不知万丈高楼平地起，大事需要一步步去做，大钱也都是由小钱构成的。没有无数个小钱的积少成多，就算机会出现在你面前，你这个没有丝毫准备的人又能如何？没有做小事的锻炼和积累，就算有人出钱要你去做大事，你也未必做得来，更不要说做得好。

比如秦末的项羽。史书记载，项羽少年的时候，不好好读书，学剑也未学成，他说："书足以记姓名而已，剑一人敌，不足学，学万人敌。"于是项梁开始教他兵法。但是学习兵法也浅尝辄止，最后导致他志大才疏，乌江自刎，可见成大事绝不是发发"彼可取而代之"之类的豪言那么简单。

成功是干出来的，不是想出来的。"高高山顶立，深深海底行"，这是先哲对我们的教导，也是古往今来无数出类拔萃者用切身经历所证明了的成功铁律。

比如著名历史学家范文澜，他有一句名言叫作"坐得冷板凳，吃得冷猪肉。"何意呢？这话还得从古时候说起。在古代，那些道德高深、精通学问又为国家人民做出了巨大贡献的人，去世后，其灵牌可以放在文庙中，享受特殊待遇——与孔圣人一起分享后人供奉的冷猪肉。但你若没有把冷板凳坐热的精神，年复一年、日复一日地刻苦钻研，是不可能出人头地、取得成功的，当然也就不可能享受祭孔的"冷猪肉"。"冷板凳"和"冷猪肉"一向相辅相成，并且只有先吃苦，日后才能享受成功的喜悦。包括范先生在内的所有大师，之所以名扬中外、名垂青史，也正是因为他们坐了数年甚至长达数十年的"冷板凳"。

你准备成就多大的事业呢？

你又准备坐多长时间的冷板凳呢？

4. 水低为海，人低为王

佛经中说，有一次法会，佛祖释迦牟尼给大家提了一个问题："一滴水怎样才能不干涸?"没有人能答得出。最后，佛祖自问自答：把它放到大海里。

老子也说："圣人无常心，以百姓心为心。"圣人之所以能站到世人达不到的高度，做出常人做不出的成就，就在于他们不仅能够发现自我、建立自我，也能够打破自我、放下自我，从而追求无我，成就人生。

老子又说："上善若水，利万物而不争，处众人之所恶。"意思是说，做人的最高境界，就是像水那样。水是生命之源，不仅造化生命，还滋养生命，没有水，一切皆无可能。但水从来不像某些做了一些事就叫苦叫累邀功请赏的人，而是"处众人之所恶"，即向人们不喜欢的地方流动——水往低处流，而人是想尽一切办法向上走，并且一再地叫嚣"挡我者死"！历史经验告诉我们，此类人士往往死在别人前头。这倒不是因为他们的能力太低、功夫太差，而是不具备相应的德行，甚至连起码的低调都不懂。

何谓高处？何谓低处？"水往低处流"，那只是表面现象，水流千遭归大海，但大海的水最终还是要化为茫茫水汽，回归大山之巅。

同样的道理，如果一个人总是挖空心思去想：我如何才能出人头地呢？或者说，我如何才能爬到别人头上去呢？那么这个人即使能爬得很高，最终也难逃爬得越高、摔得越惨的宿命。

指望大家都“上善若水”是不现实的，但即使是凡人，也不能太自我。举个很简单的例子：心理学上有一个“人”和“入”效应，简单来说就是当你让一个人用双手的食指做一个“人”字时，大部分都会站在自己的视角做“人”字。但在对方看来，他做的却是个“入”字。所以，我们越是自我，离自己想要的答案也就越远。

三国蜀汉昭烈皇帝刘备的早年经历就很能说明问题。

洪晃女士说过，低调是普通人玩不转的风格，也是正常人不愿玩的风格。这话大抵是事实。就说刘备吧，他的低调多半与其早年织席贩履的经历有关。无论是面对挑剔的顾客，还是神勇的城管、工商、税务，不低调都不行。白手起家后，刘备又长期被迫寄人篱下，几度性命危急，小命攥在别人手中，更没有不低调的道理。

然而，刘备的低调并不都是被迫的。可以说，多年的险恶生存环境已经把低调刻入了他的骨髓，并进一步升华成为了一种大多数人都喜欢的素养。刘备也正是靠着这种素养，最终从一个名不见经传的小贩成长为三分天下的蜀汉昭烈皇帝。

谁是刘备起步阶段最重要的人呢？关张。事实上关张也是刘备整个生命中最重要的两个人。应该说，对于桃园三结义，刘备是早有预谋，也是有其眼光的。当烧包的关羽遇到得瑟的张飞且一言不合于自由市场为大家免费奉送自由搏击术时，买东西的和卖东西的都在旁边拱火，呼喊“打啊、打啊，打死一个最好”之类，只有刘备边看边想：“欲成大事，这二人岂不是好帮手？”于是他瞅准机会上前劝开了关张。注意是劝开，而不是拉开。他是怎么劝的呢？他说：“二位都是了不起的英雄……”一记不露声色的高级马屁，顿时崩开了关张，刘备的语言艺术可见一斑。接下来，张英雄便邀请关英雄去家里喝酒，多亏关英雄顺势借花献佛，刘备也得以跟了去。三人边喝酒，边聊时政要闻，当张英雄和关英雄二人说到慷慨激昂处，试图拉刘备一起投军时，刘备却以委婉的方式（长叹一声）拒绝了，他为什么要拒绝呢？这是因为他知道，如果让这两位英雄去投军的话，凭他们的身手，多半很快就会被别人网罗走！那么他就白来了。所以刘备长叹一声，说："目下正值乱世，乱世则必出英雄，像你二位这样的英雄，正值用武之时，何必非要屈身受制于他人？岂不闻时势造英雄，英雄亦适时耶。现今黄巾造反，天下响应，朝廷诏令各州郡自募乡勇守备，是因力不能及，兵匮将乏，且有官党掣肘之故，然而如此一来，必将造成地方豪强割据之势，黄巾平定之日，必是群雄崛起之时。那时阖中竟为谁人之天下，还尚未可尽知也。"一番精辟的分析把二人说得心服口服，替人打工的念头也随之被自立门户的壮志豪情所替代。

不过相应的问题又来了：自立门户首先得有启动资金，而刘备没有，关羽也没有，按照常理，即使这个未来的"刘关张合资企业"能够成立，大股东兼董事长也非张飞莫属。于是，没有硬实力的刘备把自己的软实力展示了出来："有一人，原是汉室宗亲，他的祖先中山靖王，乃是孝景帝第七子，后来因祖上涿鹿亭侯没有按期交纳酎金，被削去爵位。其中一枝族人便流落到了这涿州县界，定居于楼桑村……可是到了这第十八代玄孙身上，却落得家徒四壁，一贫如洗……他十五岁游学四方，寻师访友，常思上报国家，下安黎民，可如今他已二十有八，终是一事无成。到头来只能空怀壮志，心中滴泪……唉，我想招募乡勇，讨贼安民，只恨财力不足……"事实证明，脱了毛的凤凰也比鸡拉风，刘备汉室宗亲的身份证一亮，再加上那段不太动人的传说（古桑庇护人家必出贵人），当即让关张二人既羡慕又敬服，张飞同志还当场表示愿意献出家资，愿与刘备同举大事。套牢了张飞，刘备又说："单丝不成线，独木难成林……"又绑定了关羽。至此，三人小组宣告成立，刘备则是当之无愧的组长。从此，刘备就不再是一个人，他将以团队力量去闯天下。为确保三人小组的凝聚力，刘备又提议说："备欲同你二人结拜为生死弟兄，不知二位意下如何?"刘备那可是汉室宗亲啊，能与他结拜为兄弟，这在绝对草根出身的关张二人看来是何等荣幸！于是三人的关系又近了一层，直至在刘备的后继经营下，发展成为比山还重、比海还深、比亲兄弟还亲、放诸古今中外都无出其右的深厚感情。

关羽与张飞对此后的刘备有多重要就不必细说了，要说的是刘备在此后的日子里一直保持着这种良好的个人素养，徐庶、诸葛亮、赵云、糜竺、张松、马超、庞统等时代精英先后归附，端赖于此；公孙瓒、陶谦、吕布、孔融、袁绍、刘表、曹操等时代大佬先后"合作"，亦端赖于此。用现在的话说，地低为海，人低为王，刘备就是个低调王。因为低调，没受过老天几多眷恋的刘备最终成为了西南一帝。

应该指出，刘备的案例并不完全切合我们的主题。我们期待中的那种处下，应该是一种心甘情愿且乐在其中的处下，是一种平等意义上的处下，而不是那种为了达到某种目的自贱、自堕、阿谀、奉承，等等；我们所倡导的无我，也不是类似子贡那样以"无我"之名行"自我"之实的假无我。一滴毒液伪装得再巧妙，终究还是毒液。即使稀释一亿倍，充其量也只能算污水。只有那些真正把自己当成水并融入大海的人，才能折射出太阳的光辉。

5. 多和气生财，少和财生气

禹作敏曾经是中国企业界的风云人物。在他的带领下，短短几年时间，天津大邱庄便从一个远近闻名的穷村变成为盛极一时的中国“首富村”。有了钱之后，他的脾气也水涨船高。有一次，他去北京谈生意，在一家商场看见一张红木写字台，他好奇地用手摸了摸，然后询问价钱，服务员见他穿着普通，一开口伤了他的自尊：“两万多呢！买得起吗?”禹作敏哪受得了这个，当即让人掏钱买下：“拉回去放在我家地下室里!”

孙大午曾被人赞誉为“中国企业家的良心”和“中国农民的英雄”。1985 年，他以 1000 只鸡和 50 头猪起家，短短十年，他的大午集团便跻身中国五百大私营企业之一。几年前，某报纸曾报道了这样一件小事：应著名经济学家钟朋荣之邀，孙大午到北京进行题为《私企立宪》的演讲。午餐时，北京某咨询公司副董事长李某和某旅行社老总薛某邀请孙大午下午分别到二人家里去做客。下午 4 时 30 分，孙大午一行人到了主人家门口，刚敲开门就看见李总手里拿着几个蓝色的塑料袋（鞋套）。孙大午当即不悦，[illegible]我不进去了，我们到外面去吃饭吧。”后来，大家一起到了另一位邀请者薛总家，在那里，孙大午遇到了同样的事情。再后来，孙大午开始发作，两个小时内，他像火山爆发一样慷慨陈辞，引经据典、口若悬河，直斥请客人换鞋套、换拖鞋是“庸俗的、丑恶的文化”，是对他“极大的侮辱”。

我们在这里引述这两个小故事，并不是要效仿某些人，“痛打落水狗”，事实上，他们虽然败了、败过，仍然有值得我们学习借鉴并深思慎取的地方。

我们姑且不去谈什么职工、集团、国家的利益，单是“在商言商”，这种做法就非常不可取。因为别人狗眼看人低，我们便“以低制低”，影响了大事；因为套个鞋套这样的误会，导致生意没法谈下去，何必呢？做人也好，做企业也罢，首先要知道什么是枝干，什么是末节，处理问题时，千万不要把目光局限在个人的喜怒哀乐上。

人们常说，“不笑莫开店”、“和气生财”，其本意就是说要想赚钱，就必须要有“忍”的精神。身处逆境，需要忍；身陷贫困，也需要忍；经营销售过程中，更需要忍。顾客就是上帝，客户就是衣食父母。怎么对待上帝和父母？当然得好好侍奉！如果只会争气、好面子，不懂得忍耐之道，不晓得伸缩之理，那么钞票就会从你眼前哗哗地流走。老人们常说，“人与人过不去，但不能跟钱过不去”，想想还真是那么个理儿。

喜欢看电影的朋友都知道香港的邵氏兄弟电影公司和著名武打影星李小龙，但很少有人知道下面这则轶事：

上世纪70年代，李小龙以《青蜂侠》一片成功杀进好莱坞，也赢得了香港媒体和观众的追捧。不久，李小龙返回阔别12年的故乡。在接受香港媒体采访时，李小龙透露出自己愿意回港发展的想法。一石激起千层浪，几十家香港制片公司先后向李小龙询问拍片的条件。但直到两个月后，李小龙即将返美，真正发出邀请的制片公司一家也没有。这是因为李小龙提了两个苛刻的条件：一，影片制作投资不得少于60万港币；二，影片必须聘请外国演员。在当时，每部香港电影总投资至多二三十万港币，李小龙的第一个条件，就足以吓倒大多数制片公司。直到1971年初，两家香港电影公司才不约而同地向李小龙发出了正式的邀请，其中之一便是财大气粗的邵氏兄弟有限公司，另一个则是囊中羞涩且创立未久的嘉禾娱乐事业有限公司。最终，李小龙投入了嘉禾的怀抱，原因只有一个：李小龙让邵氏掌门人邵逸夫去美国谈判，而邵逸夫连理都没理。其实，当初他只要稍微牵就一点李小龙的傲气，或者只是派个人赴美“一顾茅庐”，很容易就能把“小荷才露尖尖角”的李小龙“搞掂”。

由于同样的原因，邵氏还曾错失过许冠文、许冠杰兄弟。当初，兄弟俩携带《鬼马双星》剧本找到邵逸夫，要求五五分成，遭到拒绝后转投嘉禾。

不过，邵氏刚刚在香港立足时却并非如此。著名导演、编剧李翰祥在他的回忆录中记述道：“（邵逸夫）初到香港时，还真有些寸步难行的味道，想请大明星吃饭都要百般迁就，因为（他之前）试请过几位大明星一块儿到他在清水湾的别墅吃饭，结果不仅大牌没到，连二牌三牌也请不齐。”

同样一个人，为什么前后判若两人呢？一个很简单的理由：财大气粗。俗话说，“腰里没铜，谁敢横行”，财富是最能壮胆的东西，“老子有得是钱，还怕请不到人吗?”这未必是前述三位主人公的想法，但却是很多尚未脱离低级趣味的暴发户的真实想法。

现实生活中，或许我们的身边就有这种人：没钱的时候，老老实实，低调得接近于委屈；一旦有了钱，立即大变样：嗓门也大了，脾气也长了，说话也狠了，走起路来都是螃蟹步，晃晃悠悠，横行霸道……这样的人，不仅没素质，也难成大器。因为金钱如水，只会往低洼的地方流动，暴脾气、大嗓门和高高在上的姿态，只会把财富吓跑。当然，“多和气生财，少和财生气”，我们强调的是和气，而不是没意义的低调和处下。

人缘·财源·德

财　富　路　上　的　逆　袭

1. 对别人好一点儿

师旷是春秋时期晋国的盲人音乐家，也是神话故事中“顺风耳”的原型。据说，他弹琴时，马儿会停止吃草，鸟儿会停止飞翔，甚至于惊天地、动鬼神。此外，师旷还是一位思想家，在诸侯国中享有盛名。

有一年，齐国国君齐景公去访问晋国，晋平公特意让师旷一起坐陪。齐景公久闻师旷大名，在席间特意向师旷请教如何治国：“太师，您能给寡人一些教诲吗？”

师旷说：“你只要记住对百姓好一点儿就行了！”

齐景公觉得师旷是在敷衍他，于是过了一会儿又趁着酒兴再问：“太师，还有什么教诲吗？”

师旷还是那句话：“对百姓好一点儿！”

他兴许是喝醉了吧！齐景公这样想。过了几天，他专门挑了个大家都很清醒的时间，再次请教师旷，没想到师旷还是那句：“对百姓好一点儿！”

此后一直到回国，齐景公反复思考着师旷那句话：“对百姓好一点儿？为什么要对百姓好一点儿呢？我对百姓不好吗？还有谁比我更关心百姓吗？哦，对了，我的两个弟弟公子尾和公子夏，他们也很得民心。如果说齐国谁对我还有威胁的话，也只有这两个人了。师旷反复叫我对百姓好一点儿，是不是暗示我要与两个弟弟争夺民众的支持呢？嗯，肯定是了。我一定要比他们对百姓更好。”

本着这一思路，齐景公回国后采取了一系列措施讨好老百姓，包括开仓济贫、体恤孤寡、放归宫女，等等，这些措施使老百姓得到了实惠，自然获得了相应的拥护和爱戴。而齐景公的两个弟弟眼见自己在齐国不会有出路，没多久便分别流亡去了楚国和晋国，齐景公取得了争夺民众的成功。

毫无疑问，师旷的本意绝非齐景公想像那么功利，师旷是在劝齐景公发自内心地对百姓好。一个君王，只有发自内心地对百姓好，百姓才会发自内心地拥护他、热爱他。这道理放诸四海、放诸古今而皆准，也一点儿都不难理解。齐景公偏偏把这简单的道理复杂化、功利化，在于他自私，也是其身处高位长期与人斗智斗勇、勾心斗角的强大惯性使然。但即便如此，齐景公最终歪打正着，也说明，对百姓好，终究不会错。

我们不是国王，但我们都不会排斥幸福。那么，我们也应该学会对别人好一点儿。

对别人好一点儿，别人自然会对你好一点儿。即使对别人好而别人未必会对你好，你也得对别人好一点儿——这就是修行。当然，在所难免会碰到些许油盐不进的人，可有修养、有境界的人终究会赢得大众的认同。这也就是“失之东隅、得之桑榆”的道理。

对别人好一点儿，其实质也是对自己好，对自己负责。曾经读到过一个故事：

在一个漆黑的夜晚，一位远行寻佛的禅师走在崎岖的路上。因为天太黑，行人之间难免磕碰，禅师被行人撞了好几次。突然，远远地一团昏黄的灯光照亮了黑夜。身边的一个路人自言自语道：“这个瞎子真奇怪，自己看不见，却每天晚上打灯笼！”

“瞎子？”禅师听了不禁一愣，他赶紧询问路人，“请问，那个打灯笼的真的是盲人吗？”

“可不是嘛！”路人说，“一开始我也不知道，后来遇见一位附近的村民，这才知道。”

禅师百思不得其解：一个双目失明的人，他根本看不到路，那么他打着灯笼走路岂不可笑？或许他有什么深意？禅师打定主意，一定要弄个明白。

思忖间，盲人已经走到近前。

“敢问施主，您真的是一位盲人吗？”禅师迎上前去问道。

“是的，我一生下来便双目失明了。”盲人停住脚步，平静地回答。

禅师更疑惑了：“那么，您为什么还要打灯笼呢？黑夜和白天，对您来说并无分别啊！”

盲人说：“是这样的。我听人说，在黑夜里如果没有灯光的映照，人们都会变得和我一样，所以，我点了一盏灯笼。”

禅师听了很感动，感慨道：“原来施主是为了路人啊！”

谁知盲人却说：“不是，我是为了自己。”

“为了自己？”禅师越听越糊涂，“施主到底是为什么呢？”

盲人缓缓问道：“你刚才走路时，有没有被路人碰到？”

“有啊！”禅师说，“就在刚才，我撞到了好几个路人。”

“但我就没有，”盲人说，“虽说我是盲人，什么也看不见，但我打着这盏灯笼，既可以为别人照路，也可以让别人看到我，这样人们就不会因为看不见我而撞到我了。”

……

看到这里，有一些人可能会质疑：这不过是个故事，虽有哲理，但未必真实。其实不然，现实生活中或许真的没有提着灯笼赶路的盲人，但类似的情况却不鲜见。其所阐释的道理，更是如假包换，丝毫不容大意。

我曾经与一位朋友谈起这个故事。当时还有他人在场，其有几个不以为然，我的朋友后却深有同感，说："没有经历过的人是不会懂的。我以前开车过隧道时，总是不喜欢开车灯。一来隧道不长，里面光线也不差，二来嫌麻烦，认为没必要开开关关。不料有一天要出隧道时被一辆大卡车迎面撞个正着，险些命丧黄泉。后来总结教训，我才明白：开车灯不是省电、省事那么简单，它是给别的司机看的。因为当你经过隧道时，对方是从亮处进入暗处，视觉难免调整不过来。有些视力稍差的司机就更调整不过来，但如果你开着灯，对方就很容易注意到，否则就太危险了……"

世上的人，无一不奔行在人生的隧道中。假如能学学故事中的盲人，提上一盏明灯，既为别人照路，也能照亮自己，何愁人生路上无知己，何惧前方的寒冷与孤寂？

2. 关心钱不如关心人

孟尝君田文是著名的"战国四公子"之一，因其礼贤下士，凡投奔者都热情接纳，其门下的宾客一度多达数千人。有一年，年关将近，孟尝君问这些门客："你们当中有人懂得会计吗？谁能替我去收回封地上的债务？"一个叫冯谖的门客站出来说："我愿意去。"孟尝君很高兴，令其立即出发。临行前，冯谖认认真真地问孟尝君："收了债，您不想买点什么回来吗？"

孟尝君随口应道："嗯，您看我家里缺什么，就买点什么吧！"

冯谖道一声"遵命"，就上路了。然而到了孟尝君的封地薛城，冯谖却自作主张地免除了薛城百姓们的债务，并且当着大家的面把债券付之一炬！

百姓们倒是高兴了，奔走相告，欢呼声不绝于耳，而债主孟尝君自然不会开心。不过他毕竟是以爱贤闻名天下的孟尝君，因此他虽然气愤，但还是耐着性子听着冯谖的汇报："临行前，您说让我看着您府上缺什么就买点什么，我琢磨了半天，您府上珍宝如山，美女无数，骏马成群，除了'义'，您什么都不缺。所以我就给您买了些'义'。"

"怎么叫买了些'义'呢?"孟尝君有些奇怪。

冯谖解释："您只有薛城这么小小的一块封地。您不爱护那里的百姓，倒用商人那一套跟他们玩高利贷，这怎么行呢？所以我就用您的名义，废除了他们欠您的债务。"

"好了，您下去吧!"孟尝君极力控制自己，仍不免露出不高兴的样子。冯谖淡淡一笑，退了出去。

事情就这样过去了。但过了没多久，齐王听信谣言，认为孟尝君会威胁自己，于是罢免了他的相国职务，让他回自己的封地。平日里前呼后拥的宾客也转眼跑了个精光，唯有冯谖不离不弃。孟尝君便带着冯谖及家小离开国都，前往薛城。还未进城，忽然看到前面尘土飞扬，人声沸腾。原来是薛地的百姓，扶老携幼，前来夹道迎候孟尝君。此情此景，把孟尝君感动得热泪盈眶。他对冯谖说："先生您为我买的'义'，我今天才算看到啊!"

应该指出，冯谖为孟尝君买"义"之举，并不是什么发自内心的高尚行为，尽管薛城的百姓在当时确实受了益，孟尝君也在日后得了益，但其行为归根结底仍然是当时大行其道的"帝王思想"派生出来的小计谋。再者说，"义"这种东西是能买的吗？如果"义"能买的话，那我们生活中那些有钱人理论上岂不是拥有的"义"最多吗?

但话又说回来，动机不纯并不影响实际效果。冯谖也好，孟尝君也罢，他们关心百姓之举尽管不是发自内心，但在百姓看来却是实实在在受用的。季羡林老先生就说过，只要是搞慈善，大可不必问动机。孟尝君与冯谖或许并不是真正的仁者，但历史上能做到他们这样的又有几人？

在春秋战国时期，一个人的封地就相当于他自己的自留地，封地里的一切包括人民，都可以视作个人财产。既然是财产，就牵涉到经营问题。像冯谖这样的人，还真的了不起，他不仅帮助主人买到了“义”，也即百姓的拥护，从而让孟尝君东山再起，且在此后“为相数十年，无纤介之祸”，他自己也因此过上了幸福的生活。可以说，冯谖买“义”，与其说是为了孟尝君，不如说是为了自己。但这也无可厚非，古往今来，中国外国，有几个人做事不是为了让自己过得更好？只要自己的好不是建立在别人的坏上，那就没必要谴责。有必要谴责的是那些见不得别人好、只允许自己好的人，是那些眼睛里都是钱、脑袋里都是算盘珠子的人，是那些嘴上说着“先做朋友，后做生意”、心里却永远都在惦记朋友钱的人……

著名讲师、世华智业集团董事长姜岚昕先生讲过这样一个故事：

郑州车月文化公司总经理杨缮铭先生，有一次和深圳一家公司谈合作，准备向对方订购一批图书。由于一些问题，双方谈了很长一段时间，进展缓慢，困难重重。好在双方最终达成了一致，决定合作。于是，杨总在非常忙碌的情况下，为了表示合作的诚意，抽出时间，亲自带着二十多万元的货款坐火车去深圳签合同。他坐了二十几个小时的火车，到达深圳，已经非常疲倦了，但仍强打起精神，带着行李去与合作方见面。

然而，对方见到杨总只说了一句话，这句话就像一盆凉水，立刻让杨总内心做了个决定：就算对方开出再优惠的条件，也绝不与对方合作了。

杨总说："当我和他们见面的那一刻，他不是问候我一路是否休息得好，一路是否顺利，有没有吃早餐，甚至连任何一句问候的话都没有，开口第一句话就问我'钱有没有带来'。当我听到这话时，就如同在喉咙里塞了一团棉花，在心里塞了一块冰一样难受。那一刻，我就在心里发誓绝对不再和对方合作了！"

"世事洞明皆学问，人情练达即文章。"上面这位"对方"，显然不懂这个道理。何为"人情练达"？简单来说就是懂事理，通晓人情世故。在以往，人们往往把"人情练达"与做人做事圆滑相联系。其实不然，"人情练达"必须得以"人情"为基础。讲人情的人，处事容易，人缘好，路子宽，有时甚至能一呼百应，无论顺境逆境，都不至于太失败。而不食人间烟火，冷面无情，甚至干脆除了钱六亲不认的人，其道路也只能是越走越窄，越走越坎坷。

中国人是世界上最重感情的民族。对于冷血无情的人，人们历来深恶痛绝，甚至称其为"禽兽"或"畜生"。其实，这是冤枉了动物们。动物都讲感情，狗妈妈生了孩子，你想抱走一个，它的叫声比谁都惨；老虎虽然凶恶，但"虎毒不食子"；有些动物还懂得赡养双亲，如乌鸦……人，作为万物之灵，当然更不能不讲人情。

与此相对的是以美国为代表的西方世界。我有一位在美国生活了十几年的朋友，他曾经直言不讳地说："反正我不喜欢美国，没人气，也没人情。"不过说归说，他至今还没有完全回国。毕竟对于他，目前在美国赚钱好赚些。我也曾经问过他关心钱和关心人的问题，他的回答非常中国式：该关心钱的时候关心钱，该关心人的时候关心人。

何为"该关心人的时候"呢？很简单——别人需要帮助的时候。人情这个东西，说白了也就是你帮我，我帮你。何为"该关心钱的时候"？应该说，作为商人，肯定何时何地都在关心钱，但关心钱与关心人并不抵触。美国钢铁大王卡耐基说过：“如果你拥有某种权力，那不算什么；如果你拥有一颗富于同情的心，那你就会获得许多权力所无法获得的人心。”人心是什么？人心即一切！得人心者得天下嘛！当然也不难赚取几个“小钱”。人心都是肉长的。你关心别人，别人自然会关心你。你帮别人，别人自然会帮你。如果身边的所有人都能关心你、帮助你，这世上还有什么事情不能办成？

3. 朋友就是生产力

朋友就是生产力——在人脉就是钱脉的中国，朋友不仅是生产力，还是所有生产力要素中最给力的一条。没有钱，没有资源，甚至没有能力，在一定程度上都无关紧要。只要有朋友，什么问题都能解决。反之，没有朋友，钱越多，孤寂越多，危害越大；没有朋友，有资源，也得闲置；没有朋友，有能力，也只能憋屈着。

“不想当老板的员工不是好员工”，这是网络上流行的一句话——一句废话。谁不想当老板呢？问题是对一个白手起家的员工来说，怎样才能当上老板，当好老板？

答案倒也简单：人脉！人是这个社会的基础。有了人，也就有了钱。台湾著名“脉客”杨耀宇，本是一个贫穷的乡下人，却在短短几年时间内积累了近亿元的巨额财富。他凭什么？两个字：朋友！据杨耀宇透露，他的朋友遍及各个领域，有成千上万，数也数不清。

“交朋友是第一生产力”——这是华谊兄弟创始人之一王中军

的名言。王中军说："人脉就是命脉。你的人生好与坏，交朋友是最重要的一条。对于缺钱的人来说，多交几个朋友，多积累些人脉，甚至比积累知识、积累第一桶金更重要。"

众所周知，王中军不仅是个成功的商人，还是个画家。此外，他还有一个身份——中国企业家俱乐部理事。别小看这个圈外人不太懂的职务，正是在这个位置上，王中军把一个又一个原本只是耳闻的商业领军人物发展成了圈内朋友。据说光是该圈子内的企业营业收入就接近万亿人民币。除了企业家柳传志、王石、俞敏洪、牛根生、朱新礼、马云、史玉柱……还有娱乐圈的冯小刚、赵宝刚、汪峰、宋丹丹……想想看，如果这些人都是你的朋友，你的人生该怎么重新定位？

拥有上述黄金人脉无疑是好事一桩，但是不认识他们也没关系。事实上好多成功的商人都不认识他们，他们照样成功了。这说明朋友既重质量，也重数量。相识满天下，不愁没有几个给自己带来命运转机的朋友。

朋友是用来出卖的——这句网络流行语恰恰道出了很多人没有朋友的原因所在。有些人的朋友倒也不少，但到了关键时刻却一个也不给力。无他，全是酒肉朋友而已。但酒肉朋友就没有知己吗？不是。孙膑有孙膑的朋友，庞涓有庞涓的朋友。你若从一开始就拿对待酒肉朋友的标准对待人家，就不要怪人家以同样的标准回报你。

人世间最难做的就是朋友。因为朋友不同于兄弟，也不同于夫妻，有一种天然的亲近感。用那些不太看重友情的人话说，什么朋友，不过是一群被利益聚拢到一起的人而已。这话说得很功利，但也有深层次的道理。朋友们，或者说是人们为了利益聚拢到一起也无可厚非，没有经济来源，大家这朋友做得也开心不到哪里去。要紧的是，朋友要明白“合则两利，斗则两伤”，万不可平日里叫哥哥，一朝利益当前，尤其是自己受了一点小损失，就转而称呼其为“王八蛋”。

指望朋友都像春秋年间的鲍叔牙一样高尚是不切实际的，我们也不提倡这样做，除非有人在经济条件上特别优越，否则人家也有一家老小要养活，做朋友，要紧的就是站在朋友的立场上想问题。

朋友是人生的伴。商业上的朋友，在一定程度上还扮演着衣食父母的角色。但有些人或许因为不懂事，或者因为素质低，总是表现得过于黑良心。刚刚得了朋友的帮助，下一步就开始考虑过河拆桥，甚至直接推朋友下河，这样的人，他们注定在商场上走不了多远。因为“拆桥”的目的，就是不让别人过河，丰收果实自己独享，但这样做，别人过不了河，自己却也断了后路。拆的桥太多了，自己就走上了绝路，更别说什么财路。

常言道，“在家靠父母，出门靠朋友”。什么是朋友？在商言商，商人最重利益。同样的情况下，让你，这是朋友；吃亏也给你，好像只有你的父母或长辈肯这样做。而我们有的人偏偏悟不到这一点，自己的利益一点舍不得分享，别人的利益又总想像啃老一样据为己有，天下有这么好的事情吗？当然没有，这只不过是那些喜欢吃独食的人在妄想罢了。

曾国藩曾经说过：“美事不可一人占尽。”一件事情可能是你自己拼了老命挣来的，但你却不能独享胜利果实，否则就会招来普遍的妒忌和敌意。那样的话，你以后就别想在圈子里混下去。

当然，过河不拆桥，赚自己该赚的钱，这是赚钱的基本原则。在此基础上，我们还要学会过桥修桥，过桥立碑。这样，朋友才会越交越多，事业才能越做越大。很多成功者，他们的生意到处扩展，他们同时也到处架桥铺路。正是因为他们过河不拆桥，而且还要修桥立碑，所以才在生意场上越走路越宽，越走路越多，到处都有朋友，都有发展的机会和空间。

当然，交朋友不是一厢情愿的事。如果有可能，谁不想多交几个给力的朋友呢？但老话说得好，心诚则灵，没有一块冰不被阳光融化。金利来集团创始人曾宪梓早年的一段小故事，可以为后来提供些许借鉴意义：

20世纪60年代，曾宪梓只身来到香港，凭着6000元钱和一把剪刀、一台缝纫机，开始了艰难的创业之旅。当时，为节约开支，他身兼数职，既是老板，又是设计师，还是推销员、搬运工……一天，曾宪梓背着一大包领带，到一家外国人开的服装店推销。店老板见他衣着寒酸，当即把他撵出了门外。曾宪梓悻悻而归，一晚上没合眼。第二天早上，他穿上一身笔挺的西装，再次来到那家服装店，恭敬地对老板说："昨天冒犯了您，很对不起，今天能不能赏光吃早茶？"对方这才看出眼前这位衣着讲究、彬彬有礼的青年就是昨天的推销员，疑惑之余，又生好感，爽快地答应了。两人一边喝茶，一边聊天，越聊越投机。喝完茶后，店老板问："你今天怎么没带领带？"曾宪梓说："今天是专门来道歉的，不谈生意。"对方被曾宪梓的真诚感动了，当即诚恳地说："明天你把领带拿来吧，我给你卖！"后来，这位老板还和曾宪梓成了非常亲密的好朋友，极大地促进了金利来公司的发展。

4. 小胜凭智，大胜靠德

小胜凭智，大胜靠德——这是蒙牛集团创始人牛根生的座右铭，也是蒙牛集团的用人理念：有德有才，破格录用；有德无才，限制使用；无德无才，坚决不用。

事实上，中国几千年的封建社会所强调的也无非“才”、“德”二字。想那三国第一勇将吕布，曹操会不喜欢吗？会不想用以为驱驰吗？但刘备一句“公不闻丁原、董卓之事乎”，令曹操痛下杀心，不敢再养虎为患。

纵观历史，我们发现，世界上大部分的坏事都是人才干的。有的人是真人才，好心办了坏事，有的人则只有办坏事方面的“才华”。虽说坏人也干了些好事，有些好事甚至还推动了全人类的进步，但没有他们，这些好事，既便人们的智商稍差，假以时日，还是不难干成的。所以可以选择的话，在上位者往往宁可选择一个老实的笨蛋，也不愿意选择一个捉摸不定的聪明人。

这一原则也普遍存在于普通人际关系中。过去以及现在，都有很多以“傻子”为商标的商品，如“傻子瓜子”“傻子烧鸡”等等，之所以会起这样的名字，不过是为了表示自己的人品就如这产品所宣称的一样，像傻子一样实实在在，童叟无欺。当然它也在一定程度上诱惑着那些喜欢沾些小便宜的人——嘿，傻子，我且赶去，看能不能沾点便宜！

社会上的每个人，无形中也在为自己创造着品牌。严格说来，世界上大多数人并无绝对的智愚之分，只不过有些人比较忠厚有些人比较奸诈而已。奸诈人惯常的伎俩，忠厚人未必不会，不愿为之罢了。但若要让奸诈人学学忠厚人的人品，那可是比上天摘月亮还难。因此，当人们行走社会，有意或者无意寻找合作伙伴时，一旦听到某人曾经有过不堪的历史，往往会立即敬而远之，生怕自己的好鞋踩到了狗屎。而与那些忠厚人合作，即使条件苛刻些，也并不是不能接受。虽然赚得少，但绝对可以拿到手啊！甚至于有些生意即使不赚钱，也要做，为的就是交个忠厚的朋友，日后相互有个帮衬。

一个人在人生路上打拼，依靠胜人一筹的智慧、精明的处世方法、精湛的专业技能等固然可以取得不错的利好，甚至于凭借一时的侥幸，一时的小聪明，吃些甜头，赚些小利，都是不难做到的。但要想成为被人们广泛认可乃至景仰的人，并以此为辐射成就自己的伟大事业，优秀的品质和人格魅力还是不可或缺的。

人们常说，做事如做人。老老实实做人、踏踏实实做事，这是品德高尚的人立身处世的法宝，也是一个人应该坚守的信条。遵循这个信条做人，谁都不难获得朋友，赢得别人的尊重，继而实现自己的人生目标。

小聪明永远替代不了大智慧，小人得志只会是暂时的。这是亘古不变的定律。“小胜凭智，大胜靠德”，就是对此最精辟的概括。

现代人常说：“做人要厚道，做事要精明。”然而世上哪有截然分开的做人与做事呢？现实生活中根本不存在什么做事精明做人却厚道的人。世上只有厚道人。

应该指出，正如叔本华所说，人世间真正的美德是稀缺的，因为美德意味着损己利人。然而，我们是在宣扬损己利人吗？不是。我们其实不过是在强调人要做好本分，即使对不起自己的内心，至少也要做到不违法、不犯罪。但这最起码的原则和底线，还是有人一而再再而三地为了蝇头微利去践踏、去破坏。而反观生活中有些人，或许道德并不是有多高尚——只是做好自己应尽的本分，比如孝敬父母，欠债还钱，等等，但他们仍然不难赢得旁人的赞誉。如果说这是对道德的讽刺的话，没关系，凡事都有个过程。指望一个人眨眼间变成圣人是不现实的，但他只要有心向善，坚持做人的底线也可以视作美德。

当然，如果不想只做个普通人的话，坚持底线还只是起点。人生到了一定程度，就是拼“德”的时候。而所谓的“德”，我们在前面说过，无非是对人好一点儿。虽然我们在前面也说过，美德意味着损己利人，但这话也得辩证、立体、长远地来看。在一开始，讲美德的人或许真的会失去一些利益，但世间万事万物都在循环，你种下了善因，必收获善果。这一点，正如牛根生所说：“假设你对所有的人好，所有的人就是你的朋友。母子关系、父子关系为什么能称其为母子关系、父子关系呢？因为感情投到那儿，感情投到儿子身上，投到女儿身上，因为确实是亲的，你亲她，他肯定亲你。因此感情的培养和投入是非常必要的。我们要非常善意地对待我们周边的人，包括我们企业的人，包括社会的人。只要有投入，肯定有产出。种瓜得瓜，种豆得豆。”

牛根生不是理论家，他的话是以事实支撑的。众所周知，当年三聚氰胺事件爆发后，国内众多奶企都瞬间面临严峻考验，蒙牛也未能幸免。关键时刻，牛根生一面主动公开道歉；一面号召各民族企业家伸出援手，说到动情处，热泪盈眶。柳传志等行业大佬当即拍板，带头援助蒙牛数千万救命资金……这在当时有个说法，叫“会哭的孩子有奶吃。”没错，牛根生是哭了，但问题是，会哭的孩子就一定有奶吃吗？不，绝不是那样。始作俑者三鹿的负责人相信也哭了，但哭有什么用，怕就怕自己都觉得欲哭无泪。谁是主犯，谁是被连累的，消费者和执法部门眼明心亮。另外，当时遭受危机的也不只蒙牛一家，但为什么有人肯借给牛根生呢？原因就在于牛根生平时烧好了香，而不是临时抱佛脚。

牛根生在企业家圈子内是怎么“烧香”的我们不得而知，但有关于他对待员工，对待部属的故事尽人皆知。当年在伊利任副总时，有一次公司拿出钱来让牛根生买一部好车，但他却为几个部下每人买了辆面包车；还有一次，他把自己应得的108万元奖金平分给了大家……其余诸如几千、几万的小奖，十几年来，牛根生的分奖行动年年不断。此外，牛根生的平易近人也是很多企业家难以企及的。有一次，一位送奶的司机生了病，临时找不到人，牛根生二话没说，穿上工作服就开车送奶，而且严格服从押车员的指挥。下班后，押车员逢人便说：“新来的胖司机真好，让停哪儿就停哪儿。”就这样，牛根生赢得了上上下下的普遍爱戴。1998年，牛根生被伊利董事会免职。次年，他卖掉自己和妻子的股份，注册了蒙牛。当时的牛根生，对蒙牛的将来也没有多大把握。但是听到老牛注册了蒙牛，包括伊利液体奶的老总、冰淇淋的老总，三四百人纷纷弃大就小，投奔了牛根生。牛根生告诫他们：“你们不要弃明投暗。”可大家非要跟着他一块干。这些老部下，或者变卖自己的股份，或者借贷，有的甚至把自己将来的养老钱也拿了出来。在大家的努力下，蒙牛终于有了第一把草料……

如今，牛根生早已退居二线了，但他身上那股令人折服的企业家魅力及其身上蕴藏的太多成功的道理，永不退休。把视野再拓宽一点，我们身边的成功人士又有哪一个不懂得其中的逻辑呢？仁者无忧，智者不惑，勇者不惧，德者不孤。在踏上成功路之前，你准备好了吗？

5. 别把人赢得分文不剩

据说，这是个真实的故事：

有一次，日本松下公司为从三位互不认识的求职者A、B、C中选出一位市场策划人员，专门安排了一场“魔鬼考核”。他们把A、B、C分别从东京送往广岛，给了他们每人2000日元的生活费，要求他们在那里生活一天，最后谁剩的钱多谁就胜出。

日本当时的物价，一罐乌龙茶价格300日元，一听可乐价格200日元，最便宜的旅馆一夜2000日元……也就是说，正常情况下，他们的生活费别说剩，连最基本的生活需求都不够。除非他们在天黑之前让这些钱生出更多的钱。

A非常聪明，也很有才华，他用500日元买了一副墨镜，用剩下的1500日元买了一把二手吉他，来到广岛最繁华的地段——新干线售票大厅外的广场上，演起了“盲人卖艺”，半天下来，他的琴盒里已经装满了钞票。

B也很聪明，他花500日元做了个大箱子，上面写道：“将核武器赶出地球——纪念广岛灾难40周年暨为加快广岛建设大募捐”，然后把箱子放在了广岛最繁华的广场上。他还用剩下的1500日元雇了两个中学生做现场宣传讲演，还不到中午，他的募捐箱就满了。

C却显得有点不务正业，到广岛后，他做的第一件事是找了个小餐馆，点了一杯清酒、一份生鱼、一碗米饭，好好地吃了一顿，一下子就消费了1500日元。然后，他钻进了一辆废弃的丰田汽车，美美地睡了一觉。

眼看就要天黑了，A和B还在卖力赚钱，谁知厄运突然间降临到他们头上——一个佩戴着胸卡和袖标、腰挎手枪的城市稽查人员出现在广场上。他扔掉“盲人”的墨镜，摔碎“盲人”的吉他，撕破募捐人的箱子并赶走他雇的学生，没收了二人的非法所得，收缴了他们的身份证，还扬言要以欺诈罪起诉他们……

这下完了，别说赚钱，连老本都亏进去了。当A和B想方设法借了些路费、狼狈不堪地返回松下公司时，已经比规定时间晚了一天。更让他们脸红的是，那个“稽查人员”正在公司恭候——他就是那个在饭馆里吃饭、在汽车里睡觉的C，他的投资是用150日元做了一个袖标、一枚胸卡，花350日元从一个拾垃圾的老人那儿买了一把旧玩具手枪。

这时，松下公司国际市场营销部课长宫地孝满走出来，一本正经地对站在那里怔怔发呆的“盲人”和“募捐人”说：“企业要生存发展，要获得丰厚的利润，不仅仅要会吃市场，最重要的是懂得怎样吃掉市场的人。”

在商言商，宫地孝满的话无可厚非，但却会使中国人大皱眉头——怎么跟当年的侵略者一副嘴脸？不是我们敏感，而是日本始终没有发自内心地认错。不是我们不认同这一商业理念，是因为我们有更高的经营之道、做人之道。

“做人留一线，日后好相见”，这是中国人都明白的道理。所谓“三十年河东，三十年河西”，谁都有个马高蹬短的时候。在自己顺利而别人相应倒霉的情况下，没必要太冷酷，太绝情。放人一马，给人留条活路，也是给自己留后路。

不妨谈谈中国的“赌文化”。

著名歌手郑智化有一首关于赌的流行歌曲，写得颇有意思：

我的口袋，有三十三块，这样的夜无法搭车回来；

我的口袋，有三十三块，其他的钱都落入别人口袋；

我的口袋，有三十三块，这样的我实在没脸回来；

我的口袋，有三十三块，这一点钱不够你明天买菜……

台币三十三块是个什么概念呢？大概相当于人民币六七块钱左右。一个人输到这种程度，的确很惨。不过我见过更惨的——我的一位赌徒老乡，有一次玩儿牌，输得分文不剩，一脸狼狈相儿，连黑车司机都不肯拉他。无奈之下，他只好步行数十里前往另一位老乡家。而歌中的这位，虽然不够打车回家，但还可以挤公交。如果是晚上十二点以后，用老百姓的话，那只能算他活该了。不过，香港电影中说了，他固然活该，但那些把他赢得分文不剩的人也不对。在《无限复活》中，关继威扮演的阿星对郑伊健扮演的财迷心窍的阿仁说："当初我们在赌场工作的时候，长辈们也教过我们的，赌钱就和做人一样，千万别赶尽杀绝，叫我们无论如何都要留点车钱给赌徒。现在，那女人还有一口气在！你难道连她最后一注都想杀了？……不是她完了，是你完了！"

留点儿车钱给赌徒，不仅是职业赌徒的职业道德，其实也是对自己的一种负责。

比如，众所周知的《水浒》中的"好汉"李逵，一出场就因为输红了眼要赖不成，砸了人家的赌场，这自然是没有法治意识的表现。但李逵之所以叫李逵，就在于他原本就不是个遵纪守法的人。把一个法律意识淡漠且肌肉发达的赌徒的银子全部赢光，还不让他适当要要赖，他除了砸掉你的赌场，还有别的选择吗？

人生是个大赌场。有的人赌钱，有的人赌情，有的人赌事业，谁都想大杀通杀，然后潇洒地全场派小费。但谁都难免输，也难免输得很惨。这时候，杀光他们最后一把并不会增加多少收益，何必非要把那些素质不高的人逼得恼羞成怒、跟你赌命呢？

当然，上述考虑仅仅是一种理智，而不是我们始终提倡的做人做事应有的境界和风度。

何谓境界？何谓风度？下面的故事颇能说明问题。

前些年，业界曾发生过一场针对蒙牛的诽谤、投毒案。案件告破后，当地政府拟定了对那家公司的三项惩罚措施：第一，那家公司在新闻媒体上公开向蒙牛道歉，恢复蒙牛名誉；第二，那家公司可以出 600 万元对蒙牛诽谤，其造成的损失至少在这一金额的 10 倍以上，赔偿经济损失 6000 万元；第三，那家公司要下不为例、永不再犯！当地政府征求牛根生的意见时，牛根生说：草原品牌是一块，蒙牛和那家公司各一半，那家公司道歉损毁的不仅仅是那家公司品牌，而且是大家的品牌，所以不用道歉。6000 万元也不是一个小数目，蒙牛的员工大部分都是从那家公司过来的，就当这 6000 万元是蒙牛为员工交学费了。第三条，我接受，希望那家公司下不为例、永不再犯！

明明可以重创竞争对手，可以重创一个不按游戏规则出牌且深深地伤害了自己的竞争对手，牛根生却轻描淡写地放弃了自己的权利，这在外国人看来，无法理解，是对法律的一种不尊重。但是每一个有素质的中国人都能理解。而牛根生和蒙牛，在一定程度上也正是靠着这种讲人情味儿的“中国式处理方式”，才使一头并不以速度见长的“草原牛”跑出了火箭的速度，跑进了亿万消费者和竞争对手的心中。

所以，遇到类似情况时，是像松下那样把对方赢个分文不剩，还是像蒙牛那样得饶人处且饶人，我们有必要好好考虑一下。

第七章

逆流·顺势·借

财 富 路 上 的 逆 袭

1. 少走寻常路，不做跟风人

在北京生活了十几年，早就习惯了北京的拥挤。做了自由撰稿人，却没想到它会拥挤到如此境界：那天去一家出版社，要坐很长一段地铁，随手带了一本书，准备路上看，没想到同行的同胞们根本不给我这个机会。地铁上的人，摩肩接踵一词根本不足以形容其壮观。某些换乘车站，人多的酷似某些战争片中才会有的难民潮。一路上，我根本就打不开书，下车发现书还被挤破了！

每当注视着某些地铁线上的六角形窗户，我都会不由自主地联想到勤劳蜜蜂的蜂巢。我不喜欢挤。我一般都是站在最后，看人潮像流水一样冲出地铁口。联想到他们和我，都是辛苦而艰难的蜜蜂。

说这些，没有任何抱怨的意思。我明白，这正是中国的活力所在。这些年轻人和我身上，有我们自己和整个中华民族的未来。但现实未免无情了些。根据我的经验，城市越发展，我们这些为城市繁华流尽了汗水和青春的人，就越是被一股无形的力量往城市边缘赶。城市的繁华只留给商家。商家当然未必都住在城里，但只要他们的现代化代步工具不坏，他们极少会和我们挤在一起，来往于中心和郊区。

现代人都说，时间就是生命。但好多人的生命，有相当一部分都被浪费在了城市的公交车、地铁上，多至每天四五个小时，甚至更多。不说别人，我自己有一段时间就是如此。而如今，我每天正经的工作时间也不过四五个小时。

这里绝不是夸耀我工作的优越性，而是为了强调一个重要的人生法则：尽量不要往人堆里挤。人潮过于汹涌的地方，即使有金矿，也会被稀释成盐碱地。但大数人不屑一顾的盐碱地，却极有可能是你生命中的宝地。

下面我们就来看一个关于淘金的故事：

19 世纪中期，美国加州发现了金矿。消息不胫而走，许多人认为这是一个发家致富的好机会，纷纷奔赴加州，准备大捞一笔。年仅 17 岁的美国青年亚默尔，也抵挡不住诱惑，加入了淘金大军。

但加州并非遍地黄金。随着越来越多的人蜂拥而至，加州到处都是淘金者，金子越来越难淘，人们的生活也越来越艰苦。而且，由于当地气候干燥，水源奇缺，许多淘金者不仅没能淘到黄金，反而身染重病，丧身异乡。

亚默尔也没有淘到黄金，好在他的身体一直很健康。一天，听着周围的人对缺水的抱怨，亚默尔突发奇想：淘金希望太渺茫了，不如及早收手，卖水吧！

说干就干，亚默尔毅然放弃了淘金，费时多日修筑了一条水渠和一个水池，将远处的河水引入水池，用细沙过滤后就成为了清凉可口的饮用水。然后，亚默尔把这些水以极低的价格一壶一壶地卖给淘金者。

只卖一壶水，亚默尔自然赚不到几个钱。因此有人笑话他，说他胸无大志，放着金子不挖，却来卖水。亚默尔毫不在意，继续卖水。结果几年下来，当大多数淘金者都空手而回时，亚默尔却靠卖水赚到了八万美元。这在当时可是一笔非常可观的财富，不亚于今天的百万富翁！

实际上，亚默尔的成功并非个案。专业人士分析指出：当年美国西部淘金热，吸引了无数探险者前赴后继。但最后真正发财的人中，职业淘金者却只占了很少一部分。大多数人是靠开设酒店、餐厅，出售淘金工具以及制作后来风靡世界的牛仔裤而发家。

正像人们惯常说的那样：不是因为你成功了，你才显得不一样了；而是因为你与别人不一样了，你才会成功。物以稀为贵，这是亘古不变的真理。大家都奔着同一目标而去，不代表大家的眼光都是雪亮的，只能说明其中大多数人心态保守，缺乏创新精神以及支撑这一精神的魄力。

著名作家雾满拦江在《金钱的秘密》一书中写道："跟在别人的屁股后面，没头苍蝇一样乱跑，恰恰是对金钱规律一无所知的中国人最大的毛病。在西方，如果一个洋鬼子盯上一市场，抢先进入的话，他基本上就算占领了这个市场，因为后面的人就不会再进入了。而中国人则恰恰相反，你不做的生意，我也不知道去做；你进入的市场，不管里边已经有多少人，我非要挤进去闹轧猛。所以海外的中国人餐馆一开起来就是几条街，价格战打到吐血，让老外看得乐不可支。这并不是中国人除了开餐馆织毛线活之外再也不会干别的了，只不过早期出国的中国人先开的是餐馆，所以后去的中国人也一窝蜂地冲上。"

财富总在没人关注的地方。因为被人们关注的财富，尤其是被普遍关注的财富，根本就不可能停留在一个地方哪怕一天。武侠片或警匪片中经常会有这样的桥段：某地发现了宝藏，大家一哄而上，你争我夺，到最后却连一个活着回去的也没有。那些令人激动也令人丧命的宝藏，则从此成为了传说，激励更多的江湖人士踏遍青山、死而后已。

再来看一个国内经典案例：

20世纪90年代末，日本丰田公司亚洲总代表山田信一来华考察。在南下的火车上，他无意中听说了一个中国商业奇人的事迹：

他是一个农民，出生在一个小山村。初中毕业后，他和几个邻居一起开山采石。邻居们都把石头砸成石子，卖给建房子的人；他却把石头直接运到附近的码头，卖给了杭州的花鸟商人。因为他发现，这里的石头每一块都奇形怪状，造型别致，具有较高的欣赏价值。三年后，他盖起了村里唯一的五间大瓦房。

后来政府规定，不准开山，只许种树，于是村民们开始种梨树。

秋天一到，漫山遍野的鸭梨引来了八方客商，数以吨计的鸭梨被整车整车地运往北京、上海，甚至发往韩国和俄罗斯。就在村民们欢欣鼓舞之际，他却一反常态，砍了梨树，改种柳树。原来他发现，来这里购买鸭梨的客商都是远道而来，采购量又大，买梨后必然要装筐运走。但是，当地人都把精力放在了种梨树方面，因此出现了买梨容易买筐难的局面。结果，他靠种柳树、编梨筐，赚取了比原先种梨高出数倍的财富。

再后来，村民们得到消息，一条铁路大动脉要经过村子。便利的交通必然会带来新的发展机遇。但是在村里人都忙着集资办厂的时候，他却再次做出了一个不同寻常的举动：在他的田边砌了一堵三米高、百米长的砖墙。砖墙面向铁路，背依翠柳，两旁是一望无际的梨园。火车上的乘客在欣赏路边的风景时，那堵砖墙上的四个大字——“可口可乐”——立即就会映入眼帘。每年，可口可乐会付给他四万元的广告费。

……

山田信一被主人公的商业头脑震惊了，他当即决定下车寻找此人，准备把他挖到公司。可是当山田信一找到他时，不禁非常失望——他正在自己的服装店门口与对街的服装店主大吵特吵。因为当他店里的西装标价 800 元一套时，对门立即会将同样的西装标价 750 元；当他标价 750 元的时候，对门立即标价 700 元。一个月下来，他仅仅批发了 8 套西装，对门却批发了 1000 多套。

山田信一心想："这算什么商业奇人？还不如一个小批发商!"然而，当了解到事情的真相以后，山田信一再次震惊了，并且立即决定以百万年薪聘请他——因为对门的服装店主，不过是他雇用的售货员！相对的两家服装店，都是他开的！

上面的例子不仅再次说明，财富始终青睐有独到眼光的人。同时，也从侧面提醒我们，所谓独到的眼光未必等同于全新的事物或理念，更不等于发明创造。所谓不走寻常路，也不等于简单地与大多数人背道而驰。它强调的只是一种异于常人的思路。我们不能机械，不能为不同而不同，太阳底下无新鲜事。乔布斯也不过是卖手机而已。而且，在他之前、在他之后，都有无数商家在卖手机。为什么只有他卖得那么好，其中的道理，值得我们好好体会。

2. 所有人都不玩了再冲进去

"所有人都不玩了再冲进去"——这是李嘉诚的名言。有一次，分众传媒创始人江南春问他："您这些年投资上最成功的思路是什么?"李嘉诚说："要永远相信：当所有人都冲进去的时候赶紧出来，所有人都不玩了再冲进去。"早年在香港接受一位记者采访时，李嘉诚也曾说过类似的话："大街上血流成河的时候，恰恰是最好的投资时机。"

应该说，这并不是什么全新的理念。我们的老祖宗早就说过："人争我避，人弃我取，人取我与。"不过李嘉诚绝对是把类似的理念诠释得最好的商人之一。

众所周知，李嘉诚是靠做塑胶花起家的。塑胶花不仅让他在商海中站稳了脚跟，并为他赢得了“塑胶花大王”的美誉，赚得盆满钵满。但是，早在开发塑胶花之前，李嘉诚就预见到，塑胶花只是快节奏生活的产物，只能风行一时。有生命的植物花卉回归人们的生活，是迟早的事。因此一有空闲，李嘉诚就会思考这样一个问题：塑胶花还能“开”多久？什么时间会结束呢？

随着时间的推移，越来越多的不利因素不断地向李嘉诚敲响警钟。首先，香港塑胶厂已是遍地开花，塑胶花简直都快泛滥成灾了。从 1960 年至 1972 年，香港从事塑胶业的厂家从 557 家爆增至 3358 家，其中有半数以上的厂家都生产塑胶花。

李嘉诚深知，塑胶花业如此兴旺，一方面在于这种产品本身所具备的某些优点，另一方面是它迎合了人们追求时髦的心理。但时尚和时髦是不会停止不前的。曾几何时，富人穷人，全都以系塑胶裤带为荣，可是现在还有几个人系塑胶裤带？经过时间的检验，人们觉得还是真皮裤带好。塑胶花又何尝不是如此？尽管塑胶花可以以假乱真，也不用照料，但它毕竟是塑胶花，难以替代充满自然气息的植物花卉。

其次，也是最重要的一点：就像当初从海外杂志上了解到欧美家庭青睐塑胶花的消息一样，李嘉诚又从一份海外杂志上了解到，欧美发达国家的有些家庭已经把塑胶花扫地出门，重新种上了天然的植物花。一方面开足马力生产；另一方面需求量日益减少，最后只能导致恶性竞争。

再次，不仅香港生产塑胶花的企业越来越多，周边国家也开始利用当地的廉价劳动力生产塑胶花。而香港的劳工工资却呈现逐年递增趋势，且塑胶花属于劳动密集型产业，利润很有限，它的发展注定无法持久。

基于以上一系列因素，李嘉诚决定采取一种顺其自然的态度，逐渐从塑胶花市场中淡出，转而把全部精力投注于地产业，并最终成为了除香港政府外拥有港岛最多土地和物业的人。

“盛极必衰，物极必反”，这是事物发展的必然规律。不管你是不是在很多人冲进来之前像李嘉诚一样有所斩获，当一件生意已经不再具备竞争优势而且发展前景并不乐观的时候，你必须学会适时而退，否则等更多准备捞一把的人冲进来之后，你恐怕已经难以全身而退了。而且，千万不要认为退就是败了，就是赔了。若不是及时从塑胶花业退出，转而进军地产，李嘉诚未必能成为今天的李嘉诚。

看完李嘉诚的“以退为进”，我们再来看看华尔顿的“进退结合”。

华尔顿是上世纪初的一个美国小老板。当时，美国遭遇了一场小型经济危机，很多商店和工厂纷纷倒闭，被迫将自己堆积如山的存货低价抛售，价钱低到一美金可以买到50双袜子。华尔顿意识到这是一次商机，于是便将自己所有的积蓄用来收购低价货物。人们看到他的举动，都笑他傻冒。华尔顿漠然置之，最后一向信任他的妻子也沉不住气了，劝他说家里攒些钱不容易，一旦血本无归，后果不堪设想。

华尔顿安慰妻子说：“放心吧，两个月后，这些廉价货物就可以给我们带来财运。”

妻子稍稍安心，但不久便再次劝他，因为经济形势进一步恶化，有些工厂为稳定物价，甚至不惜把货物烧掉。华尔顿一如既往地安慰妻子，没有作出任何解释。

两个月后，华尔顿的话果真应验了。美国政府为稳定物价，采取了干预行为，大力支持工商业复苏。但由于很多工厂将货物焚烧一空，市场上存货欠缺，物价逐日飞涨。华尔顿立即决定将自己的存货抛售出去。这时，他的妻子又来劝他：虽然现在抛售存货可以赚很多钱，但不必急着出售货物，因为物价还在不断上涨，我们为什么不多赚一些?

华尔顿平静地说："亲爱的，这你就不懂了。我们现在必须把它抛售完，再拖延一段时间，就会后悔莫及。"果然，华尔顿的存货刚刚售完，物价便跌了下来。因为当地工商业已经利用这段时间恢复了元气。

华尔顿能够成功，在于他善于把握"时机"——这两个字可不简单。早一天，条件可能还没成熟，碰一鼻子灰不要紧，可怕的是碰得头破血流，做了财富路上的炮灰。做了炮灰也不要紧，失败乃成功之母，郁闷的是，你牺牲了，人家却趁机拾取了胜利果实，根本不给你吸取教训的时间。即便你身旁没有人虎视眈眈，你也可能已经失去了翻盘的信心和资本。而晚一天，则有可能身陷包围圈，纵使全身而退，也必然焦头烂额，险象环生。另一方面，你可能就因为这一天，错过了进入另一绝佳领域的最佳时机。

这也不仅仅是时机问题，而是勇气和魄力问题。所有人都冲进去时你却出来了，在战场上那叫逃兵，在商场上那叫傻冒，前者是人格问题，后者是智商问题。这种既侮辱人格又侮辱智商的事情，非大智若愚者不能为，非大勇若怯者不敢为。更何况进入一个赚钱的行业并将其培养好绝不容易，别人往里冲还唯恐慢呢，你却自己出来了，这与拱手让人有何区别?而在所有人都不玩了的情况下冲进去，同样离不开过人的心理素质。因为所有人之所以不敢玩了，往往就在于一件事情根本就不好玩。历史上能把不好玩的事情玩好了的人又那么少，不是足够自信的人哪敢往里冲?

3. 顺势而为才能大有作为

首先我们要明白，什么叫“势”。

简单来说，“势”是一种强大到一定程度的力量，或普遍到一定程度的趋势。举例说明，水大到一定程度叫水势，火大到一定程度叫火势，风大到一定程度叫风势，权大到一定程度叫权势，钱多到一定程度那叫钱势。上述任何一种势，都不是普通老百姓所能抗拒、扭转的。所以人们常说：形势比人强。至于大人物，自然也有“大势”为难他。项羽力拔山兮气盖世，怎一个牛字了得？但到了“大势”已去之时，他也只能唱唱“时不利兮骓不逝，虞姬虞姬奈若何”的小曲儿。

《吕氏春秋》有云：“使乌获疾引牛尾，尾绝力勯，而牛不可行，逆也。使五尺竖子引其棬，而牛恣所以之，顺也。”意思是说，让当时最著名的大力士乌获去牵牛，如果不管三七二十一，抓住牛尾巴就往后拽，那么就算用尽全身力气，把牛尾巴都拉断，也不能使牛移动半步；但是，如果顺应牛的习性，牵着牛鼻子上的圆环，即便是一个小孩子，也能让牛听任使唤。大力士都不能奈何一头牛，我们这些普通人又能奈“势”何？所以，我们办任何事情，都不能蛮干。

赚钱尤其如此。商场如战场，本身并不产生任何战利品，任何一方的得胜都代表着另一方的失败。一般情况下，胜利的多半是那个“势”比较大的。不过如前所述，“钱势”只是“势”的一种。如果你是一个白手起家、无钱势可依的创业者，你只能多打打别的

"势"的主意。

恒安集团创始人许连捷的成功，靠的就是顺势而为。许连捷出生于福建省一个贫寒之家，小时候因住房狭小，他甚至不得不与兄弟睡在祠堂或猪卷里。很小时候，许连捷就懂得在村里倒卖鸡蛋。十几岁时，许连捷用自行车卖过菜，拉过客，用牛车、驴车拉过石头，后来又换上了马车、拖拉机和二手汽车。最终，他积攒起了一定的积蓄，于1979年开办了一家服装厂。

在经营服装厂的过程中，许连捷冷静地意识到，尽管自己做服装赚了些钱，可自己对服装的审美能力很迟钝，在这一行继续发展，肯定没有竞争优势。于是，许连捷开始寻找新的机会。1984年冬天，一个名叫杨荣春的技术员给他送来了机会。他手持一叠来自香港的卫生巾设备说明书，敲开了许连捷的大门。许连捷听完介绍，几乎当场惊叫起来：天上又要下大钱了！

杨荣春走后，许连捷茶饭不思，彻夜未眠。是继续经营如日中天的服装厂，还是专门生产前景无限的卫生巾呢？最终，许连捷选择了后者。于是，一个令后来许多女同胞熟悉的名字——恒安——诞生了。然而，当时的中国大地已闭关自守多年，不管是消费观念，还是消费水平，都不是一般的落后。恒安刚开始销售卫生巾时，买得起的人不仅少，而且还羞羞答答。更多的人则是把购、销卫生巾看作异类。有人甚至嘲笑许连捷说，红红火火的服装厂不办，去做令人难以启齿的卫生巾，哪根神经出了毛病！

但许连捷坚信，有党的改革开放好政策，不要很长时间，中国人会逐步富起来。只要富有，人们的消费观念就会发生变化，广大妇女绝不会放着好产品不用！想赚大钱，必须拿出魄力来，先人一步并坚持下去。果然，不到两年时间，恒安便火爆起来，订单雪片般飞来，订货的客商排起了长龙。恒安得以迅速发展成为国内最大的妇女卫生巾生产企业。

许连捷的故事告诉我们：光是明白什么叫“势”没有用，光是会顺应“势”也没用。因为顺应“势”的前提，首先是你得发现“势”。此外，从一定程度上说，势也是人创的。那些既有眼光又有魄力的人，不仅善于发现势，还善于把市场上潜在的“势”挖掘、激发出来。而能做到这一点，又恰恰在于他们本身就是一种势，至少有一种精神上的强大势能。这样看来，与其说某些人成功是因为顺应了“势”，不如说是他们引爆了“势”。

最后要说的是，“顺势而为”并非无往不利的四字箴言，在股市等投机市场尤其如此。一支股票看起来挺“牛”的，但你刚刚买完，它就毫不客气地“熊”了。当你咬牙切齿自认倒霉把它卖了，它却开始反弹，结果导致你“顺了势”，别人“大有所为”，让你后悔不迭又百思不解……其实，“势”不会凭空出现。你眼中的“强势”和“弱势”，很多时候是那些庄家和大户们炒作的结果。所以，顺势用势之前，我们必须好好分析一下“势”。

4. 顺流逆流，敢立潮头

前面我们讲过了逆流，即逆势；也讲过了顺流，即顺势。不难看出，顺势逆势，为的都是借势、乘势、用势；顺流逆流，为的都是抓住对自己有利的潮流，或者说是发现潜在的潮流并及时引导、引爆它。

我们一再提醒，顺势也好，逆流也罢，都离不开发现势或者发现潮流这个基本前提。但是发现势或者潮流就等于把钱赚到手了吗？远不是那么回事。尤其是在势或者潮流不太明显的时候，便投身其中，在不明所以的人看来，这简直就是找死。但看似胸有成竹的人又有多大的把握呢？我认识的很多成功人士都信奉这样一句话——先干了再说。也就是说，他们当初也是没有多大把握的。这很正常，因为势和潮流还不明显。但他们又不能等到势和潮流人尽皆知的时候再行操作，到那时，势多半已经是“大势已去”。当潜在的潮流不再潜伏而是波涛汹涌、你追我赶时，也只有那些低智商的人才会去赶所谓的“潮流”。这时候，真正精明的商家开始考虑的仍然是逆势。而这，在很多刚刚步入“潮流”的人看来，仍是找死。也只有这些敢于置之死地而后生的人，取得了相应的成果，人们才会暗暗佩服，同时投身另一轮对潮流的追赶中。

为什么世上的弄潮儿永远属于限量版？事实上，能够在趋势凸显之前发现势的人并没有那么稀缺，如果非要取一定比例的话，人群中大概会有百分之十的人具备这种超前眼光。但最终把这种超前眼光变成超前行为的人，却只有百分之一。弄潮儿，是一门危险的行业。光有眼光，却缺乏与之相匹配的勇气，最后也只能眼看着别人成功，哀叹自己缺少那么一点点魄力。

很多财富大佬都说过，人性的弱点无非贪婪与恐惧，这一点在股市和期货市场上被展现得尤其淋漓尽致。因而，当股市走高时，我们要战胜自己的贪婪心；而当股市走低时，我们要战胜自己的恐惧心。一个人能战胜自己，便能战无不胜。

做实业也如此。有“中国鸡王”之称的大连人韩伟就是个中高手。1984 年，韩伟辞职下海，开始养鸡，创业资本是从亲友处借得的 3000 元，规模是蛋鸡 50 只。当年年底，韩伟从银行贷得 15 万元，大力兴办养鸡场，一举成为大连最大的饲养专业户，同时也成了大连负债最多的个体户。韩伟之所以能在无抵押的情况下从银行贷出这笔巨款，原因在于当时大连正在大搞“菜篮子工程”，而韩伟的鸡场扩建计划正是“急政府之所急”。当时，很多人都劝他慎重点儿，毕竟在当时，15 万元若赔光，他得上班几十年才能还清。韩伟却说：“有这么好的机会，为什么不做呢？我就是要急政府之所急！”他不仅果断地贷了款，后来还一贷再贷，先后贷款 208 万元，最终建起了一座占地 44 亩，建筑面积 8000 平方米，养鸡 8 万多只的现代化养鸡场。第一年，韩伟便赚了 210 万元，这也是他赚得的第一桶金。

仅仅是敢贷款，绝不能证明韩伟的过人之处。在当时，没个熊心豹子胆，确实没人敢贷款。但在今天，即使是个中学生，只要银行敢贷，恐怕他也敢贷上几百万。所以说，在创业环境今非昔比的今天，最需要的还是发现势的眼光。有了超人的魄力，再加上超人的眼光，成功才有保证。在这方面，韩伟同样做得很棒。比如有一年，国内市场上的鸡蛋价格由于供应过剩暴跌，很多专业户、养鸡场纷纷杀鸡转行，但韩伟却花大价钱育雏鸡、扩大蛋鸡规模。转过年来，鸡蛋价格忽又猛涨，韩伟因此大赚一笔。很多人搞不懂其中的原因，其实非常简单：市场上鸡蛋多了、过剩了，价格必然下跌，而一旦养鸡专业户纷纷“大开杀戒”，鸡蛋的来源就会减少，市场上鸡蛋少了、缺了，价格必然又会猛涨。

我们说，“顺流逆流，敢立潮头”，除了勇气，它的另一层内涵就是说，人世间的很多产业、行业，除了 BP 机之类流星产业外，大多都是永恒不灭的。尤其是那些与人类生活密切相关的行业，如吃、穿、住、行等，但它们都像潮水一样，有自己的运行规律和周期。谁能把握其规律和周期，适时进退，谁就能像聪明的赶海人一样，收获最多的海鲜。

在过去数千年，中国涌现出了无数大商人，其中很多人靠的就是这一点。比如先秦时期的两位财神：白圭和范蠡。他们的策略说白了也非常简单，归纳起来无非就是“人弃我取，人取我与”，别人不要的商品他们要，别人要的商品他们卖。在当时，主要的商品是粮食和布帛。史料记载，谷物成熟、谷贱伤农时，白圭便低价买进粮食，出售此前储备的丝、漆；蚕茧结成时，大致也到了青黄不接的时候，白圭又买进绢帛，高价出售粮食。在一买一卖之间，牟利致富。而范蠡，除了经营粮食布帛，还经营交通工具：车和船。一般商人总是旱时造车，涝时造船，或者旱时改船为车，涝时改车为船，唯独范蠡反其道而行之，天气旱得厉害，他却将收购来的木材全部用来造船。正当人们讥笑他不识时务的时候，洪水来临，还没等别的商人造船，范蠡事先造好的船只早已推向了市场。

白圭和范蠡都是我国历史上一等一的大商人，前者被尊为“商祖”后者则被尊为“商神”，“祖”也好，“神”也罢，无非就是利用行业规律打时间差贱买贵卖而已。但前面说过，人性无非贪婪与恐惧。任何潜在收益中都包含着相应的风险。如何最大程度地追逐收益，规避风险，在于克服自己人性的弱点，更在于迎合绝大多数人的人性弱点。切记。

5. 没有船就借船出海

半年前，偶遇一位多年前的老同事，问他最近在哪儿发财，他告诉我“创业”，我问他创业做哪一方面，他有点儿不好意思地说“做安利”。出于礼貌，我接受了他的盛情邀请，和他去分享了一堂课。课上，那位不知姓名的演讲老师滔滔不绝，但我只记住了一句话——就业是就别人的业，创业才是创自己的业！牛耕了一辈子地，最后非但没有一块地是自己的，还得被送进千家万户的厨房里……

的确，每一个不甘平庸的人都应该去创业，但创业需要很多的条件，资金就是最难克服的困难之一。想赚钱，你手里必须得有点儿钱。想下海，你手里至少得有一条船。暴虎冯河的做法不仅孔子不提倡，我们也应该力戒之。那是不是说我们的当务之急是先造船呢？不是，我们可以先借一条船。否则，等你的船造好了，海里的鱼也被别人打光了。

想当年，世界船王丹尼尔·洛维格购买第一艘货轮时，因为没有任何东西可抵押而被银行拒绝。情急之下，他找到一家信誉好的石油公司，设法跟这家公司签订了租赁合同，将自己准备购买的货轮租借给石油公司，然后再以租借费用偿还银行的贷款本息。银行看好这家石油公司，就把钱贷给了洛维格。于是，洛维格有了第一艘货轮。接着，他又用同样的方法，买下了第二艘、第三艘、第四艘……最终成为美国实业界的巨头。洛维格的发家史，其实就是“借船出海”智慧的聚合。而所谓的借船出海，就是在各方面条件初步具备，但缺少某一项条件时，与能提供这一条件者进行合作，借助其力量达到自己的目的。

古人说：“登高而招，臂非加长也，而见者远；顺风而呼，声非加疾也，而闻者彰。假舆马者，非利足也，而致千里；假舟楫者，非能水也，而绝江河。君子生非异也，善假于物也。”翻译过来就是说：登上高处招手，手臂并没有加长，但人们在远处也能看见；顺着风向呼喊，声音并没有增强，但听的人却听得更加清楚。借助车马的人，脚步并不快，却能到达千里之外；借助船舶楫桨的人，不一定善游水，却能够横渡江海。所以说，君子与一般人并没有本质的差别，只是善于借助外物罢了。

古文中的君子，与现代意义上的君子有着本质的区别。现代人口中的君子，大意是好人，而古人所说的君子，尤其是此处所说的君子，说白了就是今天的“成功人士”。因此，古往今来的善借者，绝不仅限于正人君子。但这也不意味着借力就一定可耻。事实上，放眼天下，都离不了一个“借”字。下面我们就来看两个与借力相关的历史故事：

明朝开国重臣刘基曾经做过一首诗，诗云：“东山导骑出岩阿，能使枯蒲贵绮罗。却恨卞和无禄位，中宵抱玉泪成河。”什么意思呢？大意是说，东晋时，有一个制造蒲扇的乡下小作坊主，不知怎么的就跟当时的名士谢安拉上了关系，他让谢安做自己制造的蒲扇的形象代言人，尽管他卖的不过是些蒲草编成的扇子而已，但借助谢安的名气地位，这么个小生意三做两做竟然做得异常火爆，他的蒲扇价格也是一涨再涨，最后竟跟别的商贩用丝绸做的高级扇子相差无几。

而另一位历史人物的命运就显得太悲催了。战国时候的楚国人卞和，有一天发现一只凤凰停在一块石头上。按照当时的说法，“凤凰不落无宝之地”，卞和见了赶紧跑过去，结果发现凤凰停过的石头果然是一块璞玉。可惜的是，由于卞和人微言轻，原本指望得到赏赐的卞和把璞玉献给楚王后，反倒被说成是骗子，被斩断了双脚，赶出王宫。卞和无奈又无助，抱着那块璞玉在宫外哭了数日，最终感动了一位识货的老玉匠，老玉匠将璞玉琢磨成了一件价值连城的名器，也就是后来的和氏璧。刘基最后两句诗的意思就是说：这个卞和真傻，他怎么就不会拉上个著名人物当他的代理人，或者至少帮他说两句求情的话呢？而翻回头看看那个请谢安当代言人的小作坊主，他的主意有多高明吗？还不就是请个明星嘛！但就是这么简单的一件事，很多人偏偏学不会。

不要一谈到“借”字就不好意思。这个世界上，谁敢说自己没借过？尤其是那些成功人士，谁敢说他的成功不需要借力？谁敢说他的成功中没有借力？其实，不仅人离不开借，即使是孙悟空也离不开借。有人做过统计，在《西游记》中，孙悟空先后借过150多次，借人、借法力、借法宝、借云、借雨、借风、借雷……只要是自己需要的，孙悟空基本上都借过。而且到了取经末期，孙悟空越来越擅长借，遇到妖怪，自己都懒得打了——一个跟头直接跑到南海找观音解决问题！

当然有人会说，“穷帮穷，富帮富，官面帮财主。”我倒是想借，没人借给我怎么办？这倒也是现实。就说孙悟空吧，有时候也难免借不到，个别情况下还会借来害处，比如借芭蕉扇，初时铁扇公主根本不想借他，在被他施计谋钻进肚子一番折腾后，又借了个假的给他，结果不仅没把火扇灭，反倒越扇越大，把猴毛都烧焦了。这就值得我们沉思，为什么唯独铁扇公主不肯借扇子给孙悟空？其实原因我们都知道：先前铁扇公主的孩子红孩儿被观音收服，在神仙界看来，这是宽大处理。但在妖精界看来，这绝不是什么好差事。别说孙悟空还跟红孩儿恶斗过，即使他没跟红孩儿恶斗，铁扇公主也绝对有理由牵怒于他。这样说来，想借遍天下，首先得有天下人都感佩的德行。

孙悟空犯的另一个错误就是在铁扇公主明确表示不借的情况下强借，从而借来了一把假芭蕉扇。其实，在铁扇公主不借的情况下，孙悟空并非没有别的方式可供选择。比如请自己的结义大哥也即铁扇公主的丈夫牛魔王去借，请与铁扇公主关系好的人借，或者干脆请观音等人去借，再或者想一些别的办法过火焰山也行，但他偏偏选择了用强，最终使问题复杂化。再想故伎重施，骗铁扇公主的难度也大大增加。所以说，孙悟空虽然可亲可爱，可敬可佩，但他就像现实生活中的很多愣头青一样“一根筋”，不值得效仿。

是不是对方不愿借，我们就一定借不到呢？当然不是。《三国演义》中，诸葛亮为了借力，前往东吴游说孙权联合抗曹，结果引得周瑜妒火中烧，使尽阴谋阳谋，欲制诸葛亮于死地，但都被诸葛亮一一巧妙化解，其中最为脍炙人口的一段便是“草船借箭”。有人会问，诸葛亮明知是陷阱，能不能不答应？能，但是逃开这个陷阱，还有别的陷阱。对真正的智者来说，有陷阱并不可怕，兵来将挡、水来土掩而已。再者说，当时的东吴也确实需要箭，而且只有成功地与东吴联手击败曹操，早离是非之地，才有绝对的安全。当然最重要的一点是，熟知天文气象的诸葛亮早就成竹在胸，并且成功地从曹操那里借来了十多万支箭。至于其后的“借东风”之举，不过是演戏而已。所以说，对于真正的智者而言，天下就没有借不到的东西。只有不断领悟借力的思想，学习借力的方法，掌握借力的技巧，我们才能借出一个好人生。

第八章 不争·自减·舍

财　富　路　上　的　逆　袭

1. 不争方能争天下

按照达尔文的进化论，任何生物来到这世界，都免不了要竞争。在野外，一棵树必须跟同类争水、争阳光，才能越长越高，最终拔地参天。一只动物也必须跟同类争地盘、争配偶，跟天敌和猎物争时间、争速度、争技能，才能保持个体及族群的生存与发展。在人类社会，尤其是在人口第一大国中国，不论是上学、找工作、谈恋爱、搞事业，哪个领域都意味着激烈的竞争，而且日益呈现白热化。

达尔文说得并没有错。西方的丛林法则虽然未必对中国人的胃口，但并非没有一点正面价值。然而，我们要说的是，有些东西，绝不是争就能争到的。争，不等于得到，很多时候还意味着失去，意味着付出代价。

你去看看那些与寻宝、夺宝有关的大片，除了极少数导演刻意交待必须留下来发展剧情的人物，其余的人是不是先后都死在了争上面？利益的背后是利刃，那些即使争到了也让人没命享受的东西，争来何用？

我们很早就学过“孔融让梨”的故事，也都知道它的寓意——争，是没素质的表现。其实，争也是没智慧的表现。历史经验告诉我们，很多时候我们争的一些东西，不过是有些人设的圈套。你不争，你能沉得住气，你不想争的一些东西有时候还会主动送上门来。因为设圈套的人会觉得，单凭你的气度就应该拥有它们；而一旦有人沉不住气，他的素质、他的财富、乃至他的身家性命可能就会嘎然而止。

可见，不争，不等于得不到。先哲老子说，“夫唯不争，故天下莫能与之争”，意即正因为不与人相争，所以全天下都没有人能与他相争。很多人觉得这有点不可思议：不让我与人相争，我生存和发展都成问题，还说什么天下莫能与之争？其实一点也不奇怪，这里所说的不争，并不是让人彻底放弃竞争，而是说要学会有策略的争。现代人常把一个词放在嘴边上——争取。不争所倡导的，即是让人放弃拼命式的争，学会智取。

说到我们这本书的主题——财富，社会人必须追求的利益，当然是必争的。但也是因为每个人都必须争取自己的利益，所以大家会不约而同地奔着那些显眼的利益而去，结果一大群人挤作一堆抢成一团，到最后不仅连回家的路费都抢不到，个别倒霉人士还得赔上两颗大板牙。反过来说，如果我们放弃争抢那些所谓的热门，进而发掘那些为人忽视的冷门，自然就不会引起别人的注意。没人注意，自然就没人争抢；没人争抢，一切自然由你说了算。等到后来人发现其中的奥秘，你早已经站稳脚根，他们想争也争不过你。

朱熹说过，老子之心最毒，大意是说老子所倡导的一些理念过于阴险。如不争，表面上说是不争，实际上还是让人争。再如无为，表面上说是无为，实际的出发点还是有为。其实不是老子阴险，而是世道过于险恶。如前所述，“争”是人与生俱来的天性。要生存下去，得争；想生存得更好，还要争。“争”是生存下去的必需方式，也是再平常不过的事情。就连老子，也只是略过了“争”，而只说“不争”。其实仔细想想，没有“争”，又怎么会有“不争”？换句话说，老子也是很注意“争”的，但他教导人们不要争一时一地，而是争取让自己永远立于不败之地。

看看春秋贤相孙叔敖是怎么做的吧：

孙叔敖是春秋时期楚国名相，做了数十年令尹（最高军事长官），其间他勤勉有加，辅佐楚庄王施教导民，宽刑缓政，发展经济，政绩赫然。楚王多次要封赏他，都被他谢绝。后来，孙叔敖病了，他自知性命不久，便把儿子叫到跟前说："楚王屡次要分封我土地，我没有接受。我死后楚王必定会分封于你，你一定不要接受富庶的土地！楚、越之间有个叫寝丘的地方，那里土地贫瘠，你可以要求被封在那里。"

孙叔敖死后不久，楚王果然分封给其子一块富庶的土地，他儿子推辞之余，请求得到寝丘这个地方，楚王慨然应允。直到汉代，这块土地还被孙叔敖的后代所拥有。

孙叔敖的高明之处，就在于他知道凡是美好的东西都会得到普遍的认同，拥有好东西只会令旁人嫉妒之余趋之若鹜，使拥有者成为众矢之的，从而带来灾祸。而相对贫瘠的土地，人们会不屑一顾，反倒可以保全。老子之所以提倡这种不争之争，就是因为越是表面强势的人，越容易成为众矢之的，越容易被对手攻击，最终越是争不到。所以，在面对利益时，我们要学会在"退而求其次"的基础上寻找冷门，没有路的地方不仅路最宽，而且鲜有老谋深算的渔翁光顾。

2. 王者不争，不争者王

据司马迁《史记·货殖列传》记载，秦朝时，有个姓任的大商人，因其祖上曾做过督运粮食和管理粮仓的官吏，因此他深知粮食的多少、粮价的高低与局势的稳定有着直接的关系。后来陈胜吴广大泽乡起义，揭开了秦末农民大起义的序幕，天下大乱，秦朝虽败亡在即，但还是在各处驻屯粮草，调兵遣将，试图挽狂澜于既倒，地处边疆的督道县就驻扎了很多军队，同时储备了许多粮草和军饷。但这些军队和粮饷全没派上用场。刘邦攻下咸阳城的消息刚到，地方官和驻军便四散而逃，县城一下子进入无政府状态。老百姓们打开大秦帝国的金库大肆抢掠，进行国家财富再分配。而与之隔不多远的粮仓却无人问津。道理倒也简单，粮食哪有钱好？何况兵荒马乱的，人们随时需要逃难，也不好携带。唯独任氏不这么认为。他想，人总是要张嘴吃饭的，关键时刻，再多的钱也不如一斛米值钱。到时候，看你们怎么办？于是他和家人在家中挖了许多地窖，把那些无人问津的粮食悉数运回家里，藏在窖中。

未几，秦朝灭亡，实力强大的项羽自封西楚霸王，封刘邦为汉王。后来，刘邦采纳韩信之计，明修栈道，暗渡陈仓，出川与项羽争夺天下。经过数度拼杀，双方在荥阳展开了拉锯战，百姓战死的战死，逃荒的逃荒，大片土地被抛荒，粮价也越来越贵。待米价涨到每石一万钱时，任氏适时开仓售米，没几天就通过出售地窖的粮食把当地的金银珠宝收入囊中，成为当地首屈一指的富豪。

这个故事充分地说明了一个被不断证实的真理——王者不争，不争者王。王者，不仅要有王者的气度，也要有王者的智慧。而所谓王者的智慧从哪儿来呢？对于任氏，司马迁一开始就交待了：是因为他的祖上做过督运粮食和粮仓管理的官吏，任氏自幼耳濡目染，自然对粮价与时局变化的规律认识得比较透彻。而这正是那些只知抢夺金银的乱民所不具备的。

这么说，并不意味着不具备专业素养就不能取得成功。事实上，只要肯开动脑筋，生活中到处都是机会，关键看你有没有王者的智慧。那么，到底什么是王者智慧呢？说简单点，就是像王一样，称孤道寡，独一无二——至少在你运用之前别人没有运用过。

下面这个故事就很有启发意义：

德国一个小镇上，有一家“死玫瑰”花店，这个花店主要出售或代寄干枯的玫瑰花瓣或花叶，以便为失恋者、失意者、受骗者或落魄者以含蓄的方式发泄心中的怨气。

这家店主为什么会开这么一家花店呢？店主彼德介绍说，“死玫瑰”的创办源自于自己的一次失恋体会。当时，彼德的女友离开了他，这让彼德既愤怒又痛苦，一连数日都不能释怀。突然有一天，彼德不经意间发现窗台上原本盛开的玫瑰花枯萎了。联想到自己的现状，彼德感慨地想到，这大概就是爱情终结的象征吧！刹那间，他灵机一动，当即剪下那朵玫瑰花，然后用一根黑色的丝线捆好，打包邮寄给了让他伤心的人。做完这一切，他的心情好多了，失恋的痛苦好像也随着干花的寄出变淡了。

从失落感中解脱出来之后，彼德又想到：这个世界上，为情痴迷、为爱感伤的人太多了，我何不开设一家“死玫瑰”花店，专门出售、代寄枯萎的玫瑰？

就这样，“死玫瑰”很快开张了。虽然枯萎的玫瑰花售价不菲，但由于具有奇妙的用途，所以自从开张之日起，店里每天都是顾客盈门。很多外地的顾客也通过各种方式要求彼德代寄枯萎的玫瑰花给那些曾经伤害过他们的人。而那些收到死玫瑰的人，多半会受到良心的谴责，更有少部分人良心发现，再次破镜重圆！因此，顾客们不仅乐得掏钱，而且对彼德心怀感激，都说这家花店开得好。

彼德的故事说明，王者其实原本也可能很失意，世上很少有天生的王者，但王者的智慧永远不贬值，关键在于能否从生活中发掘它。只有那些缺乏智慧且不愿意动脑筋的人，才会动辄跟着别人的屁股跑，除非幸运指数特别高，否则不是为人作贡献，就是发展成为恶性竞争。

当然，我们说“王者不争”，也并非绝对，而应辩证地看待。王者若是不争，怎么成为王者？如前所述，王者不是不争，而是有策略地争。

一个最简单的例子就是麦当劳与肯德基。它们是竞争对手吗？是；也不是。

可口可乐和百事可乐是竞争对手吗？是，也不是。

那他们都是王者吗？绝对是。

前者说过，竞争是自然的唯一法则，所有人以及所有企业，都不可避免地要参与竞争。而麦当劳、肯德基与可口可乐、百事可乐等行业大佬之间的竞争尤为激烈。它们更像是娱乐圈里的组合，实际上是一种搭档的关系。它们也竞争，但主要竞争对象不是对方，而是那些一心想趁两家大打一架无暇他顾之时脱颖而出的所有不堪一击的潜在对手。比如，一般情况下，麦当劳开到哪里，肯德基很快就会出现在附近，而且“至死不渝”。但你很少能看到第三者在它们中间出现。两大巨头表面上的竞争关系，往往能够为他们排斥新进入的竞争者提供更多的策略选择，从而形成竞争中的合作，也就是竞合。

可口可乐与百事可乐的关系也差不多。表面看来，它们水火不容，不共戴天。按照中国人的逻辑，它们多半都希望对方忽然发生重大变故，以便及时把市场份额据为己有。事实上，它们也不是没有竞争过，但最终都是虎头蛇尾，它们已经强大到了谁也无法轻易干掉谁的境地。外国有句话叫：“当大象打架的时候，小狗就该遭殃了。”在非洲大草原，这是事实。但在商场，当两大巨头打架的时候，小狗非但不会遭殃，反而会乘机做大。所以，竞争多年的可口可乐和百事可乐最后学乖了，它们不再把枪口瞄准对方，而是对准消费者，以及那些想抢占他们地盘的后辈。只要有企业想进入碳酸饮料市场，它们必然会展开一场心照不宣的攻势，让挑战者知难而退。

更令人意想不到的是，餐饮巨头麦当劳的主业居然不是餐饮——而是房地产！据悉，每当麦当劳的店开到一个地区，周边的房价就会呈现一定幅度的上涨，没办法，在普通置业者看来，有麦当劳的地方就是繁华地带啊，繁华地带的房价肯定会贵些，因此，当那些人有意或者无意地购买了一套麦当劳附近的房子时，他或许根本就不知道，这套房产早在麦当劳开业前就被麦当劳公司低价买进了！

总之，争是难免的，一定程度上也有其必要。但我们绝不鼓励争。因为争是人类的天性，根本无需鼓励。稍一鼓励就会血腥味十足。如果一定要争，就要尽量避免那种拼命式的争，蛮不讲理的争，转而向上述王者或王版企业学习，进行有策略的争。

3. 做加法，也要做减法

据说有一次，某跨国公司在招聘时给每个应聘者提了这样一个问题：

在一个风雨交加的晚上，你开着一辆车经过一个车站，车站上有三个人正在等公共汽车，非常希望能够搭你的车。其中一位是医生，曾经救过你的命；一位是美女，像极了你的梦中情人；还有一位是个老人，由于等车时间太久，老人心脏病突发，必须立即送往医院。但是你的车上只能坐一个人，这时候你应该怎么办？并说明理由。

大多数应聘者都选择了让老人上车——因为老人快要死了，救人要紧。

一部分感恩型的应聘者认为，应该让医生上车，因为他救过自己，这可是报答他的好机会。

也有人提出让美女上车，他们的理由是：医生可以改日再报答，生病的老人可以由其他人送往医院，美女却可遇而不可求，所以不能错过这个机会。

面对招聘者，应聘者们侃侃而谈，据理力争。但是最终，却只有一位年轻人被录取。他只说了三句话——把车钥匙给医生，让他带老人去医院，我留下来陪梦中情人等公交车。

不得不承认这是最好的答案。那么，大多数人为什么没有想到呢？关键就在于，他们从一开始就没有考虑过放弃自己的车钥匙，只是想着在现有的基础上能否再获得些什么。

应该说，这并不是什么缺点，而是人性使然。但获得、拥有就一定是好事吗？也未必。某哲人说过："有两种选择是一种痛苦，有多种选择则是一种折磨。比如很多女性都会为穿哪件衣服上街头疼，但她们头疼的并不是没有衣服，而是因为衣服太多，多到了她们不知道穿哪件不穿哪件。"

女人的衣柜里永远少一件衣服，男人的钱包里则永远少一些大额纸币，而企业家的发展规划中则永远少一些项目。就说我这个只有三四个人的文化小作坊吧，目前涉及的业务就包括审稿、策划、写稿、校对、排版、封面设计等，要不是年底一算账，明年肯定还得上些项目。但账单告诉我，做了一年加法，等于白做。从明年起，必须开始做减法。

我是幸运的，因为我只是个小作坊主。即使全赔了也没几个铜板。但若是一个大企业，盲目做加法，一旦做错了，恐怕后悔都来不及。

船小好调头，船大了只能触礁。

三九集团缘何失败？多元化盲目扩张，陷入资金无底洞；

鑫龙实业缘何失败？陷入盲目多元化陷阱；

恒基伟业缘何陷入亏损？盲目投资与主业无关的领域，致使利润严重缩水；

史玉柱和他的巨人集团当年为什么轰然而倒？什么都做……

用企业界的话说，这叫战略失策；用鲁迅先生的话说，这叫"十景病"。

鲁迅先生说，中国人大多都患有"十景病"，至少是"八景病"：点心有十样锦，菜有十碗，音乐有十番，阎罗有十殿，药有十全大补，猜拳有全福手福手全。连人的劣迹或罪状，宣布起来也大抵是十条，彷佛犯了九条的时候总不肯歇手……"

不肯歇手，只能被烫手。

万科董事长王石说过："缺钱对民营企业并非坏事，因为资金有限，不允许你盲目投资，不允许你犯大错误。如果你的战略目标不清楚，又没有控制能力，钱多了反而是坏事。我常对那些为缺钱而发愁的企业说，恭喜你呀！你犯不了大错误。"而王石本人，可以说是深谙加减之道。

1983年5月，王石辞掉了工作，坐火车来到了改革前沿——深圳，准备开创一番全新的事业。要想创业，最好有个志同道合的人。王石想到了一位老同学，他既有能力，又有才智，但由于无法舍弃既有的成绩，这位老同学最终没来。时隔多年，他再次找到王石，问能不能加盟。王石对他说，当然可以，不过一切要从头做起。然而当时的他已经是单位的主任了，又怎么肯从头做起呢？

而王石，事业却越做越红火，商业领域越来越宽广。用他自己的话说："当时一直是粗放式地赚着钱！如果要问万科当初都干些什么，我只能用排除法，告诉你万科不干什么。简单来说，除了'黄赌毒'，万科不做的项目好像很少。"

但1993年，王石却令人费解地砍掉了很多正在赢利的项目，专注于做房地产业。今时今日，万科早已成为了当之无愧的地产领头羊。回首当年，王石说："当时，万科不做其他项目，却专注于房地产，是下了一番狠心的！因为当时国家进行了宏观调控，房地产市场的大环境并不乐观，同时我们还要放弃其他可能带来大利润的项目，这需要很大的魄力。"

王石和万科的成功，验证了成功学中的"喝水/挑杯子"理论：为了喝水，人们要去拿杯子，杯子有很多种，比如纸杯、瓷杯、玻璃杯、钢杯、铜杯、水晶杯、金杯、犀角杯……对大多数人来说，拿什么杯子喝水都一样。只是当很多人拿起了玻璃杯之后，发现周围很多人手里都拿着纸杯，就会感到很不舒服。当他为了让自己舒服些，换了纸杯后，又发现有人端着水晶杯……于是，他把大把的时间都花在了挑选水杯上，却忘记自己的本意，只不过是要喝水。

对企业以及每个创业者来说，本意无非是赚钱或赢利。所以，不要再迷信"多子多福"了，把鸡蛋放在不同的篮子里固然可以规避一定的风险，但这样做不仅分散了资源，还会增加资本风险——篮子也得花钱买啊！再者说，把鸡蛋倒腾来倒腾去的过程，本身就是一种风险。

4. 舍得有限，赢得无限

北京有一位商人，有一年生意遇到了难处，越做越差，他听说西郊的山中的有一位禅师，不仅通禅道，也通商道，便前往求教。

禅师说："后院有一台压水机，你先给我打一桶水来！"

半晌，商人汗流浃背地跑回来说："禅师啊，怎么我压了半天也压不上水来呢？"

禅师："不往压水机里先放点水，怎么能压上水来？麻烦施主到山下买一桶水来吧。"

商人很不情愿地去了，但回来时，他仅仅拎了半桶水。

"我不是让你买一桶水吗？怎么才半桶呢？"

商人脸红脖子粗，解释说："不是我怕花钱，实在是山高路远，我提不动啊！"

"可是半桶水不够用啊，你就再辛苦辛苦，再买半桶来吧！"

商人无奈，只好又到山下买了半桶水回来。

禅师用赞许的眼光看着商人，说："现在我可以告诉你解决的办法了。你提着水跟我来。"

禅师把商人带到了压水机旁，说："把你买来的水统统倒进去！"

商人非常疑惑，心说这可是我辛辛苦苦提上山来的啊。但他不敢违背禅师的吩咐，于是下定决心，将水全部倒进压水机里。禅师又让商人压水看看。商人赶紧压水，没压几下，清澈的井水便喷涌而出。

为了一桶水连下两次山，这个商人也称得上吃苦耐劳了，但正如很多吃苦耐劳的人终究不能成功一样，商人的生意也是越做越小，个中原因就在于很多人不懂得舍得之道：倘若你不肯付出自己的“水”，压水机就不会回报你更多的水。舍得有限，才能赢得无限——经商的朋友尤须牢记这一点。

舍得也不仅仅是先付出、后得到那么简单。南怀瑾老先生说过，宇宙的道理不过是一加一减，人生需要做加法，也要做减法，也即我们常说的取舍。

电影《卧虎藏龙》中有一句类似的经典对白：当你紧握双手，里面什么都没有；当你松开双手，世界都在你手中。这段话，说的即是“舍得”之道。舍得，舍得，有舍才有得，舍是前提，得是结果。就好比秋天的收获始于春天的播种一样，舍不得洒播希望的种子，哪里会有丰收的未来？

舍得既是一种处世的哲学，也是一种做人做事的艺术。舍与得的关系，就如同天与地、阴与阳、水与火一样，是既对立又统一的矛盾概念，相生相克，相辅相成，出乎天地，入于心间。看似简单，实则囊括了万物运行的所有机理。

舍得并非高尚行为。因为“舍”的目的，就是为了“得”。但这无可厚非。光让人舍，不让人得，道理上也说不过去。所谓“君子爱财，取之有道”，只要舍得光明，取得正大，别人说些什么大可不必在乎。

自私是舍得的天敌。所谓“有舍才有得”，一味地以自己为中心，时时处处为自己打算，甚至把自己的获得建立在损害他人利益的基础之上，不仅会让我们离目标愈行愈远，还会使我们的人际关系日益恶化，最终被人孤立，受人鄙视。同样，只要我们敢于“反其道而行之”，先行一步，把对方先要“取”的主动给予他，自然也会获得他人的认同以及相应的回馈。

来看一个真实的案例：

日本绳索大王岛村芳雄发迹前是一家包装公司的小职员，月薪12万日元，日子过得紧巴巴。有一次，岛村在街上散步时，无意中发现很多人手中都提着一个精美的纸袋。原来，这种纸袋是一些商家在顾客购物时免费赠送的，既实用又方便，因此很受欢迎。

后来岛村发现，提这种纸袋的人越来越多。他敏感地意识到，纸袋这种东西一定很有发展前途。为了证明自己的想法，岛村还设法参观了一家纸袋加工厂，加工厂热火朝天的场面让他怦然心动。他想：纸袋的使用寿命很短，如果风行的话，需要量又多，需求时间也长，那么用来制造纸袋的绳索的需求量肯定也会大增。想到这里，岛村下定决心，准备辞职大干一番。

首先是解决资金问题。经过多达69次的不懈努力，岛村终于从一家银行贷到了100万日元，一心经营麻绳。那么，如何才能在竞争激烈的商场上站稳脚跟呢？经过周密的考虑，岛村自创了一套匪夷所思的“原价销售法”。

第一步，岛村在麻绳原产地大量采购麻绳，然后按原价卖给东京一带的纸袋工厂。这样一来，岛村分文不赚不说，还赔上了运费、时间和精力，而且一赔就是一年时间。好在时间一长，他的“投资”换来了回报，人们都知道岛村的绳索“确实便宜”。一传十、十传百，四面八方的订单像雪片般向岛村飞来。

终于盼到了这一天！稳定住最后一批顾客，岛村采取了第二步行动。他先是拿着厚厚的订单和一年来的售货发票收据，对绳索生产商说：“到目前为止，我是一分钱也没赚你们的。长此以往，我只能破产。我为你们投入了这么多时间和精力，拉来了这么多客户，你们多少也得让我赚点吧！”为了稳住岛村这个大客户，厂商们当即表示，愿意把每条绳索的价格降低5分钱。

接着，他又拿着购买绳索的收据前去和客户们诉说：“他们卖给我的绳索，我都是原价卖给你们的，如果再不让我赚点钱，我是坚持不下去了。”大家看到收据，吃惊之余都觉得不能让岛村太吃亏，再说这么好的服务到哪儿去找？于是，大家爽快地把每条绳索的售价提高了5分钱。如此一来，岛村每条绳索就赚到了一角钱。

日元一角钱，还不如我们的一分钱。但是别忘了，当时的岛村每天至少能销售1000万条绳索，其利润就是相当可观的日进100万日元！后来，岛村的销售量节节攀升，最高时曾突破5000万条/日，利润更加可观。

我们常说要“放长线钓大鱼”，可是看看岛村，他又岂止是“钓大鱼”，简直就是在“修鱼塘”。从赔钱赚吆喝到每日收入数百万日元，只用了短短几年时间，岛村实在是白手起家者的典范。人生需要付出，舍得也是一种付出。人生需要播种，在收获之前，你得学会做暂时赔本的生意——这就是岛村芳雄给我们的启示。

5. 财聚人散，人散财聚

谁是《西游记》中最有智慧的神仙呢？答案是观音菩萨。这从她收服红孩儿一事上就能看出。众所周知，红孩儿可不是什么善茬，在被收服之前，他可是擅长杀人放火、一心想吃唐僧肉、连孙行者都奈何不了的“圣婴大王”。当然，就如同孙悟空再厉害也翻不出如来的掌心一样，“圣婴大王”也远不是观音菩萨的对手。其结果当然是被收服，不情不愿地做了对方的跟班。但菩萨的心肠是毋庸置疑的，为避免红孩儿因之前的斑斑劣迹不被广大人民群众真心实意地接受，观音菩萨专门给红孩儿安排了个善财童子的差事。所谓善财童子，也称散财童子，说白了就是派钱的神仙。想想看，一个走到哪里红包就派到哪里的神仙，老百姓能不喜欢吗？况且，也得给人们一直景仰的观音菩萨个面子不是？总而言之，之后在中国民间，散财童子越来越招人喜欢。

不过得了红包的老百姓并不满意。他们非常郁闷，也非常嫉妒：为什么那个散财童子的钱总也派不完？我要是能像他一样就好了。

其实，根本不必嫉妒。只要你能像散财童子一样，敢于散财，你就能像他一样，拥有源源不断的可散之财。中国当代最抢眼的慈善家陈光标的故事就很能说明问题。

1978 年，年仅 10 岁的陈光标发现了一个商机：每天中午，他利用中午放学的时间，用两个 5 公斤重的桶挑着井水到离家 1.5 公里的小集镇上卖，大声吆喝："一分钱随便喝！"每天能赚个两三毛钱。再次开学的时候，要交两块钱的书本费，这对陈光标已经不是难事了。但当他听说邻居家的孩子还没有钱交书本费时，立即就去学校帮他把书本费交了。

后来，陈光标先后卖过冰棒，倒腾粮食，17 岁就成了全乡闻名的"少年万元户"。在此过程中，心地善良的陈光标没少帮助人，也曾被人骗过。比如有一次，他被一个温州人一举骗走了全部身家，心疼得他吃不下饭，睡不着觉。好在没几天，他重新振作了起来，想继续从事贩粮食的生意，但当时他已经赔得没有本钱了，怎么办呢？陈光标便抱着试试看的态度问乡亲们能不能先把粮食赊给他，没想到，乡亲们都愿意把粮食赊给他，表示"卖了再给钱，咱信得过你"。多年以后，每当陈光标回想起这段往事，总是眼含泪水，表示正是乡亲们当年的信任和支持，才有了他今天的成就。

诚如陈光标所言，正是因为乡亲们的信任和支持，才有了他今天的成就。但很多人想不明白：乡亲们为什么就不信任我、支持我呢？原因倒也简单：他们从不曾像陈光标那样支持乡亲们。古语有云："得人心者得天下。"但若想得人心，首先得付出你的心。财富之道也不例外，想财源不断，先做散财童子。

李诗仙有诗云：千金散尽还复来。这绝不是什么浪漫主义，它是一种哲学。世界上最痛苦的事情，莫过于做人人痛恨的守财奴；世界上最幸福的事情，则莫过于既有钱又有人还有情。我们必须学会聚钱，同时必须学会散钱。

先哲还有言："财聚人散，人散财聚。"有时候，散钱未必都能聚来人和钱，但至少能散去灾祸。五代十国时期的后唐庄宗李存勖与其皇后刘玉娘的经典故事就很能说明问题。

用今天的话说，刘玉娘进宫前是个天涯歌女，为了做皇后，她曾经狠心赶走失散多年后找上门来的老父亲。她做上正宫不久，曾经无比英明的李存勖便开始堕落，他听信宦官之言，将国家的财赋划分为内外府库，州县供奉的钱财纳入外府库，充当军事和政治费用；藩镇贡献的钱财则送入内府库，专供皇家进行酒宴、游玩和赏赐伶人所用。在五代那个战乱频仍的年代，把钱都划入外府库都不够，但在李存勖的授意下，后唐的外府库长期枯竭，陷入经费紧张，而内府库的钱财却堆积如山。刘皇后身为国母，非但不加劝止，反而乐享其成，甚至视为己有，哪怕国家再需要钱，也不愿意拿出分毫。

公元925年，算总账的时候到了。李存勖派出去平叛的士兵硬逼着"十三太保"之一的李嗣源当了皇帝。庄宗亲率大军平叛，不料李嗣源的魅力实在太大，不仅吸引了很多地方节度使加盟，庄宗的士兵也纷纷开小差。趁着士兵还没跑完，庄宗赶紧班师回朝，准备等儿子指挥的伐蜀大军回来再进剿李嗣源。次年三月，李嗣源的先锋石敬瑭兵临汜水关下。庄宗大怒，决定亲自率军镇守。但此时庄宗的军队已经严重缺饷，大臣们建议皇上打开国库慰劳士兵。庄宗倒是同意了，但掌握着国库钥匙的刘皇后却根毛不拔。宰相豆卢革无奈之下表示先跟刘娘娘借点钱，先解燃眉之急，日后再如数补还。刘玉娘仍是不肯借钱。豆卢革再次开口时，刘玉娘干脆回屋把三个皇子领了出来，说你去把他们三个卖了犒赏将士们吧！这种刁蛮撒泼的做法让士兵们又气又恨，更多的人投奔了李嗣源。大臣们都指望庄宗能说说刘玉娘，但庄宗始终没有表态。在这种情况下，就连庄宗以往最宠幸的伶人们也不爽了。他们一路杀奔内宫，庄宗虽然和近侍们杀了数百名乱兵，但自己也中了流矢。在这种情况下，刘皇后非但没有好好护理庄宗，反倒和李存勖的弟弟李存渥在最短时间内勾搭成奸，二人在骑兵的掩护下带着大批财宝逃到太原，但守城的官兵看到她们连门都没给开。不久，李存渥被部下杀死。走投无路的刘玉娘只好取出一部分钱财，建了座尼姑庵，做了尼姑。但新登基的李嗣源不肯放过这个误国的昔日皇后，不久便派人结束了她吝啬而又残忍的一生。

“财聚人散，人散财聚”——这也是我们此前屡次提到过的蒙牛集团创始人牛根生的人生哲学。众所周知，牛根生在创业成功后，不仅多次在不同场合向弱势群体、受灾地区捐钱捐物，2009 年还一次性地捐出了自己所有的蒙牛股份，成立了“老牛基金会”。捐些钱，哪怕捐得再多，这都是可以理解的。但像牛根生那样，一次性裸捐，尤其是在生前裸捐，这在普通人看来绝不符合逻辑。创业艰辛几十年，最后却都捐了出去，这是为哪般呢？这还得从牛根生的童年说起。牛根生在一次采访中说，自己小时候，家境很苦，出生后不久，父母便以50元的价格把他卖给了一个牛姓人家。养父解放前被抓过壮丁，当过警察，用现在的话说就是“被警察”，养母也不是普通的百姓，而是做过山西某国民党高官的姨太太。在解放战争期间，颇存下了些细软的养母把自己的财产广为散发给自己的亲朋好友，一部分直接送人，一部分作了寄存。进入60年代，生活困难，养母领着牛根生试图讨回那些寄存的财物，但原先的亲戚们非但不认，还把母子俩轰了出去。养母不肯甘心，后来又去过多次，但每次都是吵啊闹的，还被人骂过脏话、泼过冷水……通过这些事，牛根生体会到，钱是好东西，但也是最害人的东西。因为钱，过去的亲戚朋友都反目成仇。没有钱，反而不会有这么多的仇人……

尽管如此，大多数人并不赞成牛根生的说法，当然更不肯效仿他的做法。这无可厚非。需要提醒的是另一些走入了极端的人，在他们眼里，钱才是最靠谱的东西。没有钱，怎么生活？没有钱，怎么创业？表面看来，这些问题都有其道理，但实际上却是本末倒置。尽管时下有很多人都在围绕着钱展开自己的人生，但钱永远都应该而且事实上也确实是围绕着人流动的。所谓“以人为本”，只要有人，没钱也能办事。但光有钱，或许能使鬼推磨，但未必能让人听命。

第九章

钱袋·脑袋·悟

财富路上的逆袭

1. 先富脑袋，再富口袋

几年前，笔者曾在中国新能源行业协会工作过一段时间。在此过程中，我有幸结识了一大批成功人士，可谓受益匪浅。我的老板、中国新能源行业协会创办人、秘书长张平老师，是一个大师级的智者，他有一个“当‘二老’、富‘二袋’”理论，给我留下了尤其深刻的印象。

有一次演讲，张平老师援引一位出版界人士的话说：“目前，中国出版的图书至少有一半卖不出去；在卖出去的一半当中，又有一半压根没人读过；在有人读的那一半当中，还有一半人读不懂……究其原因，一来在于中国人把教育看得太重，却不把学习当回事儿，二来人世间最难的事情就是把思想装进别人的脑袋，把钞票装进自己的口袋。把思想装进别人脑袋的人，我们称之为老师；把钞票装进自己口袋的人，我们称之为老板。简言之，我们讨论的是怎样当‘二老’，怎样富‘二袋’这一传统难题……今天在座的都是成功的企业家，但是大家之所以坐到这里，花几万块钱听我在这里忽悠，就是感觉自己脑袋里没货，心里没底。大家今天的成功，自然有能够成功的道理，但是大家心里清楚，你们的成功并非必然，而是在一定程度上赶上了好时代。我自己也经过商，在改革开放初期，我也曾拎着个蛇皮袋子去广东、深圳，那时候是只要有胆量就能赚到钱。现在不行，十亿人民九亿商，一个比一个有胆量。竞争越来越激烈，赚钱也越来越难。不仅赚钱越来越难，恐怕到手的财富也越来越难保住……”

美国石油大亨保罗·盖蒂也曾作过一个类似的假设：如果把全世界的现金及产业全部混合在一起，然后平均分配给地球上的每一个人。那么不出半个小时，这些原本财富均等的人的经济状况就会发生明显的改变——有人因为没有能力保卫财产而丧失了到手的一份；有人因赌博一败涂地；有人会因盲目投资受骗上当……这样不出三个月，贫富悬殊的状况就会接近平均分配前的水平！我们姑且抛开这种假设是否成立，它至少说明了一个亘古不变的道理：一个人的财富与他的能力紧密相关。如果你本身就是个扶不起的阿斗，再大的家业最后也不免败坏一空。谁也不想败家，谁都想让自己的口袋更鼓一些。怎样才能做到这一点呢？惟有用知识去武装自己。真正的贫穷，不是口袋空空，而是脑袋空空。发财都有一个过程，才能的积累，也就是金钱的积累。

那么，才能又从哪里来呢？怎样才能脑袋不空钱袋鼓？当然是读书。古人云，“万般皆下品，惟有读书高。”时至今日，虽说读书已经不再是人们出人头地、成就自我的唯一途径。但每一个成功人士都离不开他的核心价值，而大多数人的核心价值都是从前人总结出的宝贵经验，也即书籍中得来。

孙正义曾因肝病整整住了两年院，其间他一共读了四千多本书，平均一天五本；海尔总裁张瑞敏，早在接任海尔之前，就研读了包括《易经》在内的许多企业管理方面的书籍，对企业各方面（财务、销售、人员管理、组织结构）的知识进行了系统的学习。由于经常穿梭于世界各地，张瑞敏每次到机场候机，做的第一件事就是在候机厅的书店里买最新的管理方面的书籍，然后在飞机上畅游书海。

每年都写一本随笔送给学生的俞敏洪，把读书数量视作新东方招聘高级人才时的重要标杆。他说：“读书多，就意味着眼界更加开阔，更会思考问题，更具创新精神。新东方有一句话叫做‘底蕴的厚度决定事业的高度’。‘底蕴的厚度’主要来自两方面，首先就是多读书，读了大量的书，知识结构自然就会完整，就会产生智慧；其次是人生经历。把人生经历的智慧和读书的智慧结合起来，就会变成真正的大智慧，就会变成一个人创造事业的无穷动力。基于此，新东方招聘高级人才时都是我面试。我的首要问题就是‘你大学读了多少本书’，如果你回答只读了几十本，那我肯定不会要你。我心中的最低标准是200本，我自己在大学期间读了800本。而我的班长王强，在大学里读了1200本，平均每天一本。有人会问，读完书忘了跟没读过有什么区别吗？其实完全不一样。就好比谈恋爱，一个谈过恋爱后又变成光棍汉的人，和一个光棍汉相比是有自信的。因为当他看到别人谈恋爱的时候，他会在旁边笑：‘嘿嘿，想当初老子也是谈过恋爱的！’”

比尔·盖茨从小就非常努力，他曾经从头到尾读完过整部《世界大百科全书》。成功后的比尔·盖茨曾经说过：“是我家乡的公立图书馆成就了我。如果不能成为优秀的阅读家，就无法拥有真正的知识。我直到现在依然每天至少要阅读一个小时，周末则会阅读三至四个小时。这样的阅读，让我的眼光更加开阔。”后来，比尔·盖茨还发明了闭关读书法：每年进行两次为期一周的“闭关修炼”。在闭关期间，把自己关在一栋别墅中，闭门谢客，读书充电，思考未来。据了解微软发展轨迹的人说，他每次闭关之后，微软都会有惊人之举。

“抢学问”是李嘉诚创造的词语，从小他就深信知识能够改变命运，三岁就能背诵《三字经》和《千家诗》。上小学后，他不满足于老师讲授的诗文，常常把祖屋藏书阁中的线装古籍翻出阅读。长大后，李嘉诚求进步、求学问更是没有一天停止过。他曾经说过："年轻时我表面谦虚，其实我内心很骄傲。为什么骄傲呢？因为同事们去玩的时候，我去求学问；他们每天保持原状，而自己的学问日渐提高。"

一句话，书中自有黄金屋。不要羡慕有钱人，他们都在忙着读书。

2. 知识就是财富，知识就是力量

去年春节，我问一个接连几年没回家过年的小伙子："光忙着赚钱了吧？连回家过年都没时间。"他笑笑说："哪里，我是没赚到钱，回不起！"我还没来得及夸他谦虚呢，小伙子的母亲插话了："要是我我也没脸回来，看看人家小二，去年给他妈赚了八万，今年拿回来十万，还领回个漂亮媳妇……"

这实在是一段缺乏技巧的插话。因此，这位不懂得语言艺术的母亲当即遭到儿子的有力回击："我是不如小二，你能跟人家小二她妈比吗？我上学时不比小二差！是你，刚念完初中就不让我上了！人家小二他妈，卖血都让小二上学！今天看见人家挣得多了，早干什么去了？你活该！"

小伙子这话说得粗鲁，但却是事实。当年他辍学时，我还是个亲历者。那天正赶上星期天，我去小伙子家寻一位亲戚，到那儿发现人们正在打麻将。小伙子的母亲可能输了钱，房间里始终回荡着她摔牌骂骰子的声音。正打着，小伙子的班主任老师去了，开门见山地说："我说兰子（小伙子的母亲），你可不能不让咱孩子上学啊！咱孩子这么聪明，以后肯定能考上大学……"老师还没说完，兰子就接过话说："老师啊，我哪儿是不让他上啊，我实在是供不起啊！"那位老师也够有观察力的，他指指桌上的麻将："打牌的钱有，交学费的钱没有？"但这根本难不住兰子："这您就有所不知了——我们玩得小，五块钱一锅。我现在手上有十块钱，十块钱我能玩两锅。可我把它给你，你能让咱孩子接着上学吗？"老师气得嘴唇发抖，丢下一句"那好，你们玩吧"，转身离去。

我这么说，是在批评那些当年不懂得先富脑袋、再富口袋的无知父母，并为他们今日过得不太如意的儿女们开脱吗？不是。还是那句话：遇到一个无知或者愚昧的父母，那不是你的错。但你若把自己的失败都归因于父母，那肯定是你的不对。

要学习，什么时候都不晚。摊上一个不重视子女教育只重视眼前利益的父母，这是命运使然，但走出一条什么样的路，关键还要看我们自己。

应该指出，这样的父母毕竟是异类。几乎百分之九十九的中国父母，尤其是处在社会底层的中国父母，望子成龙之心都迫切得很，毫不夸张地说，有些父母为了子女求学，真的是卖血都肯干。我们没理由不尊敬他们。

同样，我们也不得不批评一下某些不懂上学为何物的时尚学子。在当今的校园中，不论是大学中学小学，奢侈、浪费、攀比现象比比皆是。而且一个奇怪的现象是，越是贫寒子弟，往往攀比心理越强。据说这是自尊心作祟，但实质上却是虚荣心。这些学子们搞混了一个逻辑：上学是来学知识的，而不是来挥金如土的。如果你真有自尊心，请好好看看自己的成绩单，是不是对得起你那汗滴禾下土的母亲、对得起年过半百还在异乡为你艰难赚学费的老爸！

当然，一纸成绩单或许不能代表全部。但是，当我们的天之骄子们还未跨出校门就开始抱怨自己注定要"毕业即失业"时，是否也该扪心自问一下：到底是知识无用，还是自己无用？到底是自己无用，还是自己不曾努力、不够努力？

一千多年前，宋真宗就在《劝学篇》中告诉我们："当家不用买良田，书中自有千钟粟；安居不用架高堂，书中自有黄金屋；娶妻莫恨无良媒，书中自有颜如玉；出门莫恨无人随，书中车马多如簇；男儿欲遂平生志，五经勤向窗前读。"

九百年后的罗曼·罗兰也说过，和书在一起的人，永远不必叹气。因为知识不仅是财富，还是永恒的财富；不仅是永恒的财富，还是一种决定命运走向的力量，有时甚至还决定着生死。

知识未必总能为我们保驾护航，有时，知识也的确招人妒，讨人嫌，甚至引来杀身之祸。但有知识的人受文化熏陶日久，即使身处险境，刀斧加身，也往往能乐天知命，看破生死，守住大义和底线，文天祥、史可法等民族英雄就是如此。所以，有知识的人未必好命，但有知识的人永远不会惊慌，用今天的流行语说那就是——有知识，无所谓。

时下的年轻人，即使是牢骚满腹者，也不得不内心承认，大家赶上了中国最好的时代。旁的不说，至少比我们的父辈要好得多。下面我们就来看看华为技术有限公司总裁任正非的求学时代。他曾经在《我的父亲母亲》一文中这样写道：

"我与父母相处的青少年时代，印象最深的就是度过三年自然灾害的困难时期。今天想来还历历在目。我们兄妹七个，加上父母共九人。全靠父母微薄的工资来生活，毫无其他来源……我经常看到妈妈月底就到处向人借三五块钱度饥荒，而且常常走了几家都未必借到。直到高中毕业，我没有穿过衬衣。有同学看到很热的天，我还穿着厚厚的外衣，说让我向妈妈要一件衬衣，我不敢，因为我知道做不到。我上大学时妈妈一次送我两件衬衣，我真想哭。因为，我有了，弟妹们就会更难了。我家当时是两三人合用一条被盖，而且破旧的被单下面铺的是稻草。文革造反派抄家时，以为一个高级知识分子、专科学校的校长家，不知有多富，结果都惊住了。上大学我要拿走一条被子，就更困难了，因为那时还实行布票、棉花票管制。最少的一年，每人只发半米布票。没有被单，妈妈捡了毕业学生丢弃的几床破被单缝缝补补，洗干净，这条被单就在重庆陪我度过了五年的大学生活。

"1967年重庆武斗激烈时，我扒火车回家……不敢直接在父母工作的城市下车，而在前一站下车，步行十几里回去。半夜回到家，父母见我回来了，来不及心疼，让我明早一早就走，怕人知道，受牵连，影响我的前途。爸爸脱下他的一双旧皮鞋给我。第二天一早，我就走了。临走，父亲说了几句话：'记住知识就是力量，别人不学，你要学，不要随大流。''以后有能力要帮助弟妹。'背负着这种重托，我在重庆枪林弹雨的环境下，将樊映川的高等数学习题集从头到尾做了两遍，学习了许多逻辑、哲学。还自学了三门外语，当时已到可以阅读大学课本的程度，终因我不是语言天才，加之在军队服务时用不上，二十多年荒废，完全忘光了……

"1976年10月，中央一举粉碎了四人帮，使我们得到了翻身解放。我一下子成了奖励'暴发户'。文革中，无论我如何努力，一切立功、受奖的机会均与我无缘。在我领导的集体中，战士们立三等功、二等功、集体二等功，几乎每年都大批涌出，而唯独我这个领导者，从未受过嘉奖。我已习惯了我不应得奖的平静生活，这也是我今天不争荣誉的心理素质培养。粉碎四人帮以后，生活翻了个儿，因为我两次填补过国家空白，又有技术发明创造，合乎那时的时代需要，突然 一下子'标兵'、'功臣'……部队与地方的奖励排山倒海式地压过来。我这人也热不起来，许多奖品都是别人去代领回来的，我又分给了大家……”

是金子，迟早会发光；有知识，迟早会脱颖而出。别看别人，像任正非那样，趁着年轻，尽量多储备些知识，因为知识就是力量——一种让人迟早脱颖而出的力量。

3. 从知者到智者

前些天，伴随着中国选手张培萌在田径世锦赛打破了国内男子百米纪录却无缘决赛，网络上随即掀起了一番议论，其中最吸引眼球的莫过于以《东方网》一位作者抛出的人种论。该作者指出，包括张培萌在内的所有中国人大可不必遗憾，因为张培萌 10 秒整的成绩已经创造了历史。自 1984 年以来，奥运会男子 100 米决赛不仅全是黑人，而且全是西非裔黑人。迄今为止跑进 10 秒的 89 个人中，也只有四个人不是西非人种，其中又仅有一个白人——法国选手勒梅特里。之所以如此，在于黑人尤其是西非裔黑人运动员在短跑方面拥有不可超越的优异天赋。既如此，与黑人运动员同场竞技，从一开始就是一场“不公平”的对决。所以，大可不必为张培萌的惜败而唏嘘。在文章的最后，该作者还附带提到：上帝是公平的。尽管我们黄种人在竞技体育的某些领域有着先天的劣势，但我们却有着智力上的优势。在某教授绘制的 IQ 世界地图上，东亚人（包括中国人、日本人、朝鲜人）拥有全世界最高的平均智商，平均值为 105。之后是欧洲人（100）、爱斯基摩人（91）、东南亚人（87）、印第安人（87）、太平洋诸岛土著居民（85）、南亚及北非人（84）、撒哈拉沙漠以南非洲人（67）、澳大利亚原住民（62），平均智商最低的人种是南非沙漠高原的丛林人和刚果（布）雨林地区的俾格米人，平均为54。

这实在是一个令中国人高兴的排名。无意中，我们又成了第一。但问题是，智商最高的我们现如今的社会发展水平为什么还不如智商不如我们的欧美人呢？答案是多方面的，但这个问题本身并没有必要回答。因为智商这东西，有多少可信度？又能从多大程度上决定一个人的人生呢？把爱因斯坦、爱迪生以及孔子、老子等人一出生就送进刚果（布）雨林，他们也不可能成为我们熟知的那个他们。除了先天因素，后天的努力与环境都不容忽视。

当然，这里要强调的还是努力。如果强调环境，那我们就完全没必要写这本书了。但是，努力一词如此宽泛，从哪儿“努”起呢？一个普遍的方法就是学习、读书。对此，我们在前面已举过无数例证。然而，不容忽略的是，学习也好，读书也好，或者说是两者的终极目标——知识，它其实是个跟“智商”差不多不靠谱的词。自古以来，有知识却不能改变命运的人多了去了，有时候，有知识的人反倒还不如一些大字不识一个的农夫。这是为什么呢？看完下面的小笑话你就明白：

据《笑林》一书记载，古时候，有个穷书呆子意外地看到一本古书上讲，鸣蝉藏身的树叶可以隐身，于是他便兴冲冲地跑进树林，找来一枚“隐身叶”。可由于太兴奋，回家路上，他一不小心，树叶脱手，混在了众多落叶里，他便把地上所有的叶子收集在一起，然后回到家。他拿起一枚树叶，遮在自己身前，问他的妻子：“你看得见我吗?”妻子说：“看得见。”他便换一片，接着问：“这次看得见我吗?”如此反复，妻子不耐烦了，说：“看不见!”他高兴极了，就用树叶遮住眼睛去集市上偷东西。结果当场被人捉住，扭送至县衙。县官审问时，他老老实实地交待了原委，县官听了哈哈大笑，一高兴就把他放了。

历史上是否真有这样的傻人，我们不得而知。可以肯定的是，无论是历史上，还是今天，社会上都不乏类似的书呆子。那么，我们之前说的——知识就是财富——对他们适用吗？

答案当然是否定的。别说书呆子不适用，但凡稍微不机灵一点儿都不行。对“知识就是财富”这句话，我们不能片面理解，无知与贫穷、愚昧固然距离不远，但若说一个能背诵百科全书的人就拥有一切的话，显然也是十分荒谬的，除非他去参加有奖知识竞赛，否则知识不能直接创造财富。知识与财富之间，离不开必要的转化过程，而这个过程，对于一个书呆子来说则是永远无法逾越的鸿沟。所以，擅长讽刺人的西方人干脆将这类人称之为“两脚书橱”。

一句话，光有知识还不行，还得有智慧。

著名学者殷昰曾在一次演讲中这样解释“知识”和“智慧”的区别：

“从字形上看，‘知’字的左边是‘矢’字，在古代是指箭。右边是一个‘口’字，相当于一个靶心……射箭最起码是不能脱靶。左边一支箭，右边一个靶子，这就是‘知’，知识来之不易，其原因就是必须中靶，射准，射中靶心，瞄准目标（的）了才能放箭……关于‘知’，就是知识的积累，有‘知’就有‘识’。你知道了这个东西，必须还要去认识。认识就是分辨、理解，然后再上升为理论，就是真理。

“从‘智’的字形上看，知识（知）的日积月累（日）就成为‘智’了，是不是这个意思？所以这个‘日’很重要，看重每一天，每天都要增长知识，每天都要增益，这样就成了“智”。你的智商怎么来的？是离不开每一天的，你的智力、智慧、智能都离不开这每一天……

“‘知者’与‘智者’是有区别的。‘知者’是知其一而不知其二，知其二而不知其三，知其然而不知其所以然。‘然’，就是‘这样’，意思是，知道它是这样，而不知道它为什么会这样。而‘智者’就不同了，‘智者’第一能‘知其所以然’；第二能把各个方面的知识，如从书本上学到的，自己观察得到的，别处听来的，或是自己思考来的，等等，都能融会贯通。不会贯通是不行的，这个知识与另一个知识串不起来，A是A，B是B，C是C，不能串成一体，变成一个立体的、新的知识，这就是死知识。只有融会贯通了，才是活知识；第三是自知之明，就是要知道自己，明就是知。所以必须了解自己，那样就不会自满，老是想到自己的哪些地方学得不够。应该天天精进，才能使自己的知识更加充实；第四个就是明辨是非，就是对一些事物要怎样正确地理解它，怎样正确地分析它，这就是智者所具备的几个特点，它与知者是有区别的，是‘知’的升华。”

遗憾的是，人类社会总是一“智”难求。把书上的知识提炼为工作、生活中实用的知识，是少数具备大智慧的人才能做到的事情。生活中更多的读书人，却只能成为书呆子或者应试教育的牺牲品。

尽信书不如无书，生活是最好的老师。真正的知识、最棒的知识，尤其是适合自身情况的知识，大多是书本上甚至从别人身上也学不到的。有着“世界华人第一狂人”之称的严介和说过：“能够学习知识的是三流人；能够在读书看报中举一反三、触类旁通的人是二流人，因为生活才是永恒的老师；能够在生活中无中生有、创造知识的人，才是一等人。一流的企业家讲理念，三流五流的讲理论，传统意义上的学习拘泥于书本，停滞在校园，温习在家里的书房，原来都是幼儿园的东西。在风雨中的飘摇，生与死的考验中，没有倒下，生存下来，这才是真知识……”

总之，成功不是简单地看几本书就能拥有的，只有在不断积累的基础上不断思考、不断实践，才能不断启迪思维，生发智慧，最终生发出成功。或者说，有智慧的人，本身就是一种成功。

4. 要励志，更要励智

有这么一个小故事：

有一群勤奋的猪，种了很多蔬菜，为了防盗，它们在菜地四周树起了坚固的栅栏。

突然有一天，这些猪吃惊地发现，蔬菜被偷了，而栅栏完好无损。经过开会讨论，所有的猪都认为，原因在于栅栏高度不够。于是大家当即动手，把栅栏加高了一倍。可是第二天，蔬菜仍然被偷了！又一场会议后，愤怒的猪再次加高了栅栏。不过根本没用，又一个早晨，蔬菜仍然被偷了不少！

恐慌开始在猪群中蔓延。经过慎重研究，大家一致认为应该把栅栏加高到 50 米！——那样的话，任何动物都不可能跃过栅栏偷菜了。

就在这群猪忙得满头大汗时，菜地不远处有一只羊和一头牛正在闲聊。

羊说："牛大哥，您看这群笨猪真得会把栅栏加高到 50 米吗?"

"很难说。"牛说，"它们有多执着，您是知道的。可是如果它们总是不懂得晚上睡觉时要关好栅栏门，就算把栅栏加高到月亮上，又能怎么样呢?"

这个寓言的言下之意即是说：勤奋有时候与收获并不成正比。我们总是强调勤奋，强调执着，强调汗水，这些都没错，他们都是一个人从起点走向高端的必备素质，但都不等同于绝对真理。

既要埋头苦干，也要抬头看路。否则，愈是勤奋，反而愈是与成功背道而驰。

执着，还必须以值不值得为前提。如果不值得，那就不是执着，而是执迷。

提倡汗水，当然没错，但光有汗水还不够。

付出了汗水，会获得一定的果实。但若只有蛮干的汗水，这果实就会相当苦涩。流下汗水没有渗入智慧，庄稼不会有收成，为什么？因为他的劳动没有遵守事物的本质和发展规律。

汗水没有智慧，就没有灵魂。汗水没有智慧，就是死海，那是一种悲哀的死体，一潭没有生机的死水。

有的汗水要流，有的汗水不必流，不必要的汗水有害无益，不值钱的汗水尽量避免。

某日本企业家曾经说过——如果你有智慧，请奉献你的智慧；如果你没有智慧，那么请付出汗水；如果你缺少智慧又不愿流汗水，那么请你离开。抛开该公司的企业文化不说，在这里我们可以这样理解这句话：一个人如果没有智慧，就只能流汗水。而我们知道，一个靠卖苦力赚钱的人，能够养家糊口就算不错了！至于其他，想想也就罢了。可见，智慧对于一个人来说多么重要。

其实，智慧也是我们人类之所以成为人类的首要因素。作为万物之灵，我们最值得骄傲的就是拥有高度发达的大脑。虽然我们不会飞，跑得也不快，更谈不上凶猛，也没有毒液护身，但是稍微动动脑子，搞定任何动物都不在话下。生活与奋斗同样如此。要想在财富路上拔得头筹，必须充分发挥我们的脑袋优势。能不能脱颖而出，与体力、地位、学历等统统无关。有一个聪明的大脑，比任何秘诀都重要。下面这个故事，就是最好的证明：

美国人琼斯是个失败的农场主。从青年到老年，几十年过去了，琼斯日复一日地辛勤劳作，可农场的效益却始终不见好转，一家人的日子经常捉襟见肘。

更不幸的是，一场突如其来的车祸让已经60多岁的琼斯患上了全身麻痹症，医生说，“他丧失了生活能力，以后只能躺在床上度过了。”人们都认为：琼斯没有希望了，他的一生注定是失败的人生。

但是琼斯却不那么想，病魔的摧残反倒让他的心智砺炼得更加健全。经历了最初的胡思乱想，琼斯开始在病床上总结过去、思考未来，并且最终找到了脱贫致富的好办法。

经过更加周密的思考，琼斯把家人们叫到床前，将自己的计划和盘托出。他说：“以后我再也不能用身体劳动了，但是我还可以用大脑创造财富。只要你们愿意，你们每个人都可以代替我的身体和手脚。听我的，我们要在农场里种满玉米，然后用收获的玉米养猪，在猪仔几十公斤时把它们宰杀掉，然后制成香肠，用同一品牌在全国各地的零售店里出售。”

家人们也觉得这个办法非常好。数月后，他们的“琼斯仔猪香肠”一经问世就得到了消费者的普遍认可，并且很快风靡全美各地，躺在病床上的琼斯很快就成为了家喻户晓的百万富翁。

故事中的琼斯，辛苦一生却始终穷困潦倒，失去劳动能力后反倒在极短时间内拥有了惊人的财富。这是造化弄人吗？当然不是。个中关键，就在于卧病在床为琼斯提供了思考的机会。是他的智慧，引领着家人打开了财富的大门。

反观生活中的大多数人，都像身体健康时的琼斯一样，往往是起早贪黑、苦巴巴地“挣”钱，恨不得一天24小时都工作，但是结果呢？不仅收益有限，而且往往累坏了身子，得不偿失。究其原因，就在于人们只知道“天道酬勤”，一味苦干实干，却不懂得开发自己的大脑。光有勤劳远远不够。唯有用智慧的大脑指挥勤劳的双手，把智慧注入我们的劳动之中，才能使劳动效益最大化。

要励志，更要励智。如果把致富之路比做茫茫沙漠，那么智慧就好比清洌的甘泉。只有细心观察，善于思考，我们才能发现并驾着智慧的灵光，直达阿里巴巴的藏宝洞。所以请记住：用脑永远比用体力重要。我们欣赏努力工作的态度，但我们更推崇有钱有闲的潇洒生活。

5. 多问几个“为什么”

在前面，我们反复阐释过知识与智慧的关系，而且也指出一个不是办法的开智法：细心观察，善于思考。这个办法是不能令人满意的。毕竟，智慧与一个人的“慧根”有关。而“慧根”这种东西，本身源于佛教，属于一种玄而又玄，说不清道不明、可遇而不可求的东西。所以，我们不得不在这里推出另一个比较有实用价值且非常简单的开智法，那就是多问几个“为什么”。

比如有一次，日本丰田汽车工业公司总经理大野耐一得知生产线上有台机器老是停机，修了多次仍然无效，就问相关人员：“为什么老是停机?”“因为机器超负荷工作，保险丝烧断了。”对方回答。“为什么会超负荷呢?”大野耐一接着问。“因为轴承润滑不好。”“为什么润滑不够?”“因为润滑泵吸不上油来。”“为什么吸不上油来?”“因为油泵轴磨损，松动了。”“为什么磨损了?”“因为油泵没有安装过滤器，混进了铁屑。”至此，问题已经水落石出。大野耐一马上下令：给油泵安上过滤器。生产线迅速恢复正常，并且再也没有因为上述问题而停机。

表面看来，这个故事似乎并不能说明智慧与问几个“为什么”有什么关系。其实不然。所谓智慧，它也是个大词，很多人提起它，总觉得云里雾里，高不可攀。其实，所谓的智慧就是解决现实生活中的问题的一些方法和点子而已。但不像大野耐一那样逐层深入，问了又问，找到问题的最终症结所在，即使有满脑子智慧，又从何下手、从何运用呢?从一这来说，多问“为什么”相当于智慧的侦察兵，而智慧，往往也就是财富或成功的开路先锋。

英国青年戴维的故事就很有启发意义。2003 年，戴维刚刚大学毕业，便和很多青年一样，踏上了环游世界的梦之旅。两年后，他辗转来到中国上海。在这座美丽的东方城市，戴维发现了一个奇怪的现象：在上海，健力士黑啤的售价非常便宜，不仅比美国、日本等发达国家便宜，而且比健力士黑啤的原产国英国还便宜！这着实令人难以理解。戴维是学营销管理出身的，这件事一下子激起了他的浓厚兴趣。为把这事弄清楚，他展开了细致缜密的调查。

3 个月后，事情总算水落石出：并不是中国商人精于算计，也不是发往中国的健力士黑啤出厂价格更低。关键在于运输费用，也就是说，健力士黑啤从爱尔兰运到上海比运到伦敦的费用更低。表面看来，上海比伦敦不知要遥远多少倍，运费便宜似乎绝无可能，但实际上，靠着中国成为“世界工厂”的机缘，近年来，每一天都有大批装满集装箱的中国远洋货轮驶向世界各地。而当这些货轮返航时，一半左右都是空舱。所以，委托这些货轮运货到中国，运费往往十分低廉。

想到这儿，仿佛有一道灵光从戴维的脑海中闪过，他忽然意识到自己已经看到了一座巨大的金山。第二天，他便中止了自己的环球旅行。一个月后，他同中国远洋集团签订了运输协议。三个月后，一大批产自欧洲各国的知名日用百货被运到了上海。然后，戴维开始有计划地营销。他的主要销售对象主要是生活在上海的欧洲人。这些欧洲人一看，这些来自故乡的产品不仅原汁原味，而且价格比在欧洲当地还便宜，便毫不犹豫地购买。一时间，戴维的生意红火得不得了。几年时间，戴维的个人财富便迅速累积到数千万美元。

戴维的故事，告诉我们这样一个逻辑：读万卷书不如行千里路，行千里路不如阅人无数，阅人无数不如仙人指路，仙人指路不如自己顿悟。当然，网友们也说了：读万卷书不如行千里路，行千里路不如看名人名著，看名人名著不如背名人语录，背名人语录不如陪名人散步，陪名人散步不如自己感悟，不能感悟就逐步深入。

好奇害死猫，无知害死人。多问几个“为什么”也好，逐步深入也好，强调的都是一种探索精神。脑白金、征途掌门人史玉柱说过：“营销没有专家，唯一的专家是消费者。如果你不懂，没有思路，直接向消费者请教是最有效的办法。”

史玉柱是这么说的，也是这么做的。当年，巨人集团刚刚崩溃，史玉柱立即就推出了脑白金，指望它带着巨人起死回生。然而脑白金刚推向市场时，销售效果并不理想。销售人员的解释是市场上的保健品，尤其是类似的保健品太多。史玉柱不信邪，他亲自出马，进行市场调研。他戴着大墨镜，在江阴走村串镇，挨家挨户地寻访自己的潜在顾客——留守老人们。

为了了解老人们对脑白金的潜在态度，史玉柱反复向老人们提出下列问题：“您以前吃过补药吗？”

“您觉得自己需要可以改善睡眠的保健品吗?”

“它还可以调理肠道、通便、增强精力，对您有用吗?”

“如果价格不太高的话，你愿意吃吗?”

答案无疑是肯定的。

不过老人们也告诉史玉柱：“我想吃，但我没钱，我等着我孩子给我买。”

“那您怎么让孩子给您买呢?”

大部分老人说只能靠自觉。

“那您吃完后，如果还想吃怎么办?”

“也不能直接跟他要啊，我一般是把喝完了的保健品盒子放在显眼的地方，他看到盒子空了就又买了。”一个老大爷不好意思地介绍自己的经验。

史玉柱敏感地意识到，看来自己应该把脑白金定位为礼品，看来应该在送礼和孝道上做做文章……不久，“今年过节不收礼，收礼只收脑白金”这一史上最烦人的广告便横空出世，十多年来，它至少为史玉柱带来了上百亿的财富。

史玉柱也说过：现代的年轻人，大多只看到有些人，包括我——的风光时刻，却无视我也曾经是个失败者，而且是中国最伟大的失败者。失败不要紧，要紧的是在实践中，遇事认真思考，杜绝经验主义和盲从态度，否则不是视机会为无物，就是容易干出错事或蠢事。

鲁迅先生亦曾在自己的作品中指出：老年人常常怀疑许多真的东西，青年人往往相信许多假的东西。这就需要我们具备不唯书、不泥古、只求真的可贵品格，遇事多问几个为什么，切不可人云亦云，不求甚解。

第十章

心眼·钱眼·正

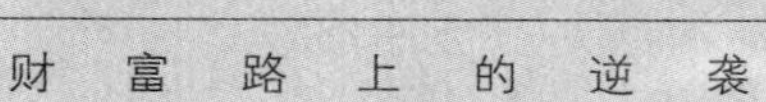

财　富　路　上　的　逆　袭

1. 用自己的眼看世界

有一则笑话：

一个石油大亨去天堂参加会议，走进会议室，他发现已经座无虚席，自己没有地方落座，于是灵机一动，喊了一声："地狱里发现石油了！"这一喊不要紧，所有的石油大亨们纷纷向地狱跑去，很快，天堂里只剩下了他自己。片刻之后，他也坐不住了，心想：大家都往地狱跑，莫非地狱里真的发现了石油？我可不能落后，于是他也急匆匆地向地狱跑去。

这个笑话阐释的是投资学中的"羊群效应"。丰子恺先生曾经在《随感》一文中写道："有一回，我画了一个人牵着两只羊，每只羊都画了一根绳子。一位先生教我：'绳子只要画一根就行了。牵着一只羊，后面的都会跟来。'后来留心观察，果然如此：就算走向屠场，也没有一只羊肯离群而另觅生路的。"我们不是羊，但我们何尝不是如此？看到别人做什么生意赚钱了，所有的企业都蜂拥而至，不管适不适合自己，也不管是不是早已人满为患，只要看起来有利可图，砸锅卖铁也得快点跟上，拼了老命也要分一杯羹。而这样做的结果，不是开业三天贴出转让启示，就是苦苦支撑到血本无归。别说分一杯羹，残羹剩饭都没得吃。

职场上也不例外，看到做 IT 的赚钱，大家都想去做 IT；听说做管理的赚钱，大家都一窝蜂拥上去；感觉做公务员很稳定，收入也不错，便都去考公务员……

羊群效应是一种很复杂的现象，其形成有许多原因，但最重要的一点，在于大多数人不具备独立思考问题的能力。我们不是羊，我们要用自己的脑子去思考。

古人云，“智者不惑，仁者不忧，勇者不惧”，意思是一个人要达成完美的人格修养，智、仁、勇缺一不可。智就是智慧。有智慧的人，遇到什么事情，都能一眼看透其本质，因此不会盲目随大流，受其迷惑。仁就是仁爱。有仁爱之心的人，由于总想着如何帮助别人，反倒不会为自己的处境而忧烦。这也正是范仲淹“先天下之忧而忧”的境界。勇敢的人，是没有什么可怕的。但仁也好，勇也罢，都是与大智慧并存的。否则，就难免是“妇人之仁”或“匹夫之勇”。

言归正传，这与我们致富有什么关系呢？且看孔子的弟子子贡的故事。

按照司马迁《史记·仲尼弟子列传》的说法，子贡是所有孔门弟子中把学与行结合得最好的一位。而颜回和子路等人，虽然学习成绩、个人修养与子贡不相上下，甚至比子贡还好些，但说话、办事的能力就与子贡相形见绌了。至于经商理财的能力，更是望尘莫及。这一点孔子也是非常认可的。有一次，孔子有意无意将颜回和子贡做起了比较，说：“回也其庶乎，屡空。赐不受命，而货殖焉，亿则屡中。”意思是，颜回这个人，学识、品德都称得上炉火纯青，但不知怎么搞的，他就是弄不到钱，动不动家里就断了烟火；而子贡，虽然不安本分，经商走贾，但他做生意的眼光的确很好，每次都能把市场行情预测个八九不离十。

来看两个案例：

有一次，子贡和几个商人一起去北方的燕国做木材生意。半路上，他们听到一个令人沮丧的消息，说燕国与齐国刚刚爆发了一场边境战争，由于齐军强大，燕人不得不把边境地带的山林引燃以抵御齐军，结果引发了大规模山火，所有山林都被焚毁一空……同行的几个商人认为，山林都烧光了，我们还做什么木材生意？于是他们掉头南下，去了别的地方另寻商机。子贡却认为这个消息大有漏洞，因为对弱小的燕军来说，山林其实是他们抵御齐军最好的天然屏障，他们怎么会自毁长城？这肯定是一个谣言。子贡独自北上，到燕国一看，果然压根儿就没什么战争和大火，于是，他大量买进木材，贩卖至南方，大赚了一笔。

用孔子的话说，子贡这项本事叫“亿则屡中”，“亿”就是臆测、推想，那么，子贡为什么能“亿则屡中”？很明显，有主见，且分析、推理能力过人。我们屡次提到的李嘉诚也是如此。他为什么能在众人都不敢恋战之际大胆买进地皮？因为他早已预见到香港地产业的巨大前景，所以他才不会理会经济及政治情况的风云变幻，才能在机会到来时独处潮头，大把买进。

股神巴菲特也说：你不得不自己动脑。我总是吃惊于那么多高智商的人也会没有头脑的模仿。如果你发现了一个你明了的局势，其中各种关系你都一清二楚，那你就行动，不管这种行动是符合常规，还是反常的，也不管别人赞成还是反对。

巴菲特的一段少年往事可以作为这段话的注脚。巴菲特六岁时就开始在家门口卖口香糖，八岁时便与一个伙伴一起，在加油站兜售饮料。有一段时间，他们每天都会把加油站的垃圾桶翻个个儿，但并不回收里面的饮料瓶，而仅仅是把瓶盖拧下来，带回家里，并按品种分类。家人以为，这不过是小孩子的游戏心理。其实不然，巴菲特是在通过这种方式调查各种饮料的销量及受欢迎程度，从而进行有针对性的进货和营销！

巴菲特是个酷爱读书的人，但他读得最多的还是各大公司的年度报告。几十年间，巴菲特每年都会仔细阅读多达几千份公司年度报告。对普通股民来说，这无疑是件枯燥的事情。但巴菲特却说："不读这些，你怎么判断一家公司的股票将来是上涨还是下跌？难道只靠祈祷上帝?!"

总之，人一定要学会培养自己的分析能力。有了这种能力，才能不被环境所惑，不被旁人所扰，走好自己的路，实施自己的既定策略。

2. 你就是最好的顾问

读个笑话：

民国时期，某地有个算命先生，靠着忽悠善男信女蒙来了不小的家产。算命先生只有一子，满指望着他能继承自己的"事业"，谁知儿子却迷上了圣贤书。算命先生不满之余，就整日唠叨。这天，儿子被唠叨烦了，反驳道："算命占卜这些玩艺，有什么学的，下次再来人我来算！"

第二天，有个人顶风冒雨前来算卦，算命先生就让儿子试试看。儿子劈头就问那人："你是从东北方向来的，对吗?"

"是的。"

"尊驾姓张，对吗?"

"正是。"

"你是来给夫人算卦，对吗?"

"真是太神了！我就是来给我老婆算卦的。"那人佩服地说道。

……

那人走后，算命先生吃惊地问儿子："你怎么算得这么准?"

儿子说："今天刮东北风，那个人肩背都湿透了，前边却是干的，因此知道他是从东北方向来的；他的雨伞上写着'张'字，所以猜测他多半姓张；今天狂风大雨，不是为了老婆，他难道会冒着风雨为父母问卦吗？"

很明显，故事中当然也包括生活中所谓的算命，不过都是对主客观条件的综合分析而已。有的人也许会不服气，我见过某某大师，他就不是这样，他算得可准了。也许吧，有人的确很准。但是这个"准"是有限度的。莫说那些专业大师，就算是生活中一个成熟的人，在很多时候也不会下决断。而这也正是大师们的拿手好戏。我曾经帮一位大师写过书——这一点都不奇怪——该大师在看完初稿后说了一句话，让我终身受益："写东西也好，说话也好，不要下定论。"一旦下了定论，不是被人抓住把柄驳倒，令自己无回旋余地，就是定论不准，落了下乘……

仔细想想，你接触过的大师们是不是也这样？

不妨举个真正的大师的例子说说——北宋的邵康节。此君的《梅花易数》，直到今天还在各大书店大卖。话说某年冬日下午酉时，邵大师和儿子围着火炉烤火，有人敲门，先敲了一下，接着又敲了五下，开门一看，原来是一个邻居，说想借点东西。邵大师忽然兴起，说你不要说你借什么，今天就让我儿子给你免费起一卦，算算你借的是什么东西。于是，小邵掐来算去，算到邻居不是借锄头，就是借斧子。小邵试探着问邻居："你要借的东西应该是锄头吧？"邻居还没开口，邵大师就说："不是锄头，而是斧子。"邻居也在一旁表示自己想借的就是斧子。小邵赶紧请教老邵其中缘故，邵大师说："这还不简单——数九寒天的，天也快黑了，他借锄头干什么？一定是借斧子劈柴取暖。"

可见，即使我们不把算命这种事一棍子打死，它也绝不像所谓的大师们说得那么玄。可惜时至今日，大多数同胞对算命、看相、风水等还是宁可信其有，不可信其无。而当今，不问苍生问鬼神，也成了某些所谓精英的传统信仰。前两年，李一火了；近些日子，王林火了；再过些日子，肯定还有人会火。这些自保尚且艰难的“大师们”之所以能信徒满天下，就在于这些人只知追求财富、权势，却忘了自己真正缺的是知识。相比并不空虚的钱袋来说，他们的脑袋、灵魂空虚得不成正比。

贫穷不要紧，只要肯努力，谁都可以改变命运。但一亿美金也买不了一滴智慧。由于自己没智慧，自然大师们说什么就是什么了。什么叫迷信？它是跟愚昧直接挂钩的。一个人不愚昧了，有内涵了，别人说什么，你都会有自己强大的知识体系作为参考，都不会轻易相信。只有脑子里空空如也、心里慌慌张张的人，别人一说，他就迷糊，进而稀里糊涂地相信，是谓迷信。

企业界最具说服力的案例要算河南的春都火腿肠了。二十世纪八十年代，该企业经过分析国内外市场，果断引进了全国第一个西式火腿肠生产线，并借此迅速走红大江南北。到九十年代初，其年利润已经超过1亿元。也许是成功来得太容易，春都经营者的头脑开始发热，他们在非常短的时间内，本着把春都做大做强的宗旨，连续上马了医药、房地产、茶饮料等多个项目，结果因为战略失误、财务混乱、营销不力等原因走上了下坡路。按说这很正常，哪个企业没遇到过危难呢？只要应对措施得力，一个大企业也不是那么好倒闭的。但春都是怎么应对的呢？他们一方面疯狂地砍成本，用淀粉代替猪肉，以至于当时的春都员工都戏称自己的产品为“面棍”，用“面棍”喂狗；另一方面则寄希望于“神棍”，想靠各位大师的“意念”杀出重围，结果在“面棍”“神棍”双棍夹击下每况愈下，半死不活，至今也没有重新雄起的迹象。

而霍英东的故事则可以给我们从正面提供一些借鉴意义。1979年初，霍英东开始与广东省政府接触，最终双方达成协议：在广州盖一家五星级宾馆，也就是现在的白天鹅宾馆，由霍英东出资1350万美元，由白天鹅宾馆向银行贷款3631万美元，合作期为15年。后来当上了全国政协副主席的霍英东回忆说："当时投资内地，就怕政策突变。那一年，首都机场出现了一幅体现少数民族节庆场面的壁画《泼水节——生命的赞歌》，壁画上有三个裸体少女，这在内地引起了很大一场争论。此后，我每次到北京都要先看看这幅画还在不在，如果在，我的心就比较踏实。"

总之，你就是自己最好的顾问。而那些掐指一算、随便扔个竹签、画个符就说你今年命犯桃花、你这辈子命中无财的大师，都是不折不扣的扯淡大师。与其听他们胡扯，还不如自己静下心来冷静客观地综合分析一下自己的现状和周边环境，从而作出最合理的选择。毕竟，没有人比我们自己更了解自己。

3. 防人之心不可无

在美国，有一个流传甚广的寓言：

一个慈祥、和蔼的爷爷正在和小孙子在屋里玩耍，爷爷满脸爱意地和小孙子在沙发、窗台间转来转去。小孙子开心极了。

小孙子见爷爷今天兴致这么好，也异常顽皮。爷爷把他放在壁炉上，鼓励他使劲儿往下跳。跳了一次，爷爷接住了他，又把他抱上壁炉，鼓励他再跳。小孙子看见爷爷伸着手，毫不犹豫地跳下来，但这一次，爷爷突然缩回双手，小孙子扑通一声掉到地上，痛得大哭大闹，爷爷却在一旁微笑着。

面对旁人不解的神色，爷爷回答道："我是个成功的商人，我知道怎样去相信别人。而小孙子并不知道，他以为爷爷是可靠的。但这样的事情重复上两三遍，他就会渐渐明白：爷爷也不可靠，不要盲目相信任何人，靠得住的只有自己。"

这个故事据说并不是寓言，故事中的爷爷的原型，其实就是美国历史上第一个亿万富翁洛克菲勒。不管到底是不是吧，故事主人公那段话终究是没错的。中国人也常说："人无害虎意，虎有伤人心。"有些人，看到财富，其恶念往往就像猛虎看到肉食，会顿时升起本能似的歹意。对此，怎能不防？

有一则流传颇广的公益广告，叫"信任是一种美德"。没错，但商场如战场，甚至于整个人生就是一个大战场，有太多的人把兵不厌诈当成座右铭。如果你天真到以为这个世界没有坏人，即使有坏人也骗不到自己头上的地步，那么你已经离被骗不远了。所以，先哲告诉我们，"小心驶得万年船"，行走财富的江湖，必须多长个心眼，凡事谨慎小心。

十亿人民九亿商，还有一亿在观望——这是网友们对当今中国泛商业化现状的形象调侃。我们不妨顺着这一调侃试问：观望什么呢？观望的是商机——相对来说稳妥的商机。当今社会，高度自由，只要愿意，谁都可以迅速成为一个商人，只是有大有小，有赔有赚而已。商业社会不是零和社会，但也是一定程度上的零和社会。有人赚，就有人赔。有的人是赔在了行情上，赔在了天时地利人和上；有的人则是赔在了自己的轻信或者说是心无城府上。下面的例子就很能说明问题。

前几年，一位名叫麦克的美国裘皮商飞到中国南方某市，参加在那里举办的行业订货会。

在订货会上，麦克显得分外活跃，他不断地和中国外贸人员交谈，小心翼翼地揣摩中方人员的心理和中国的市场行情。休息时间，麦克瞅准一位中国外贸人员，递上一支香烟，然后关切地询问道："今年贵国的黄狼皮收购比去年好吧？"

对方深深吸了一口烟，潇洒地吐了个烟圈："不错。谢谢关心。"

麦克来了兴趣，眼睛闪闪发光："如果我想以优惠价格买进15万至20万张黄狼皮，您看有没有问题？"

外贸人员打量了麦克一眼，见他满脸诚意，当即笑道："当然没问题！"

"那好，一言为定！我先订一批，试试销路！"两人边说边笑，紧紧握住了对方的手。松开手，麦克便拉着外贸人员坐到大理石桌旁，不久便递出了一份5万张黄狼皮的稳盘订单，而且价格要比原方案高5%。

谈判完毕，付了部分定金，麦克当即告辞："真的，太谢谢你们啦！我马上动身返回美国准备货款。"

麦克走后，中方外贸人员为获得了一张5万张黄狼皮的订单和定金而频频举杯，祝贺初战告捷。但是没过多久，中方就收到了一个令人震惊的消息：美国裘皮商麦克正在国际市场上以低于我国的价格抛售黄狼皮！原来，麦克是先用高价稳住中方人员，待抬高我国黄狼皮价格之后，再按原价顺利地脱手他积压的大量存货。他付出的那一小笔订金，跟他获得的利润相比，简直可以忽略不计。而中方只得了一张空头支票，数十万张黄狼皮不得不被迫积压起来。

如果你认为美国人此举不过是导致了中国数十万张黄狼皮积压而已，而且是正常的商业行为无可厚非，那你就错了。想当年，苏联解体时，其吨位达八万余吨的半成品航母就是美国人用此招使其化为了一堆废铁。在美国人那里，什么诚信经商啊、取之有道啊，这些中国商人笃信的信条，他们一条也不信，他们只信利益。

追逐利益并没有什么不对，竞争也无可厚非，但公平竞争，他们哪里是勤劳善良的中国商人的对手？竞争不过，不断制造这法案，那法案，以无耻为壁垒，保护他们的无能，事后又说什么“G2”，说什么朋友，值得国人警惕。

生活中的不少朋友也是如此。很多人都认为，大家都是朋友了，怎能以小人之心度君子之腹呢？其实生意场中，根本就没有永远的朋友。即使你已经成功地与对方做成了一笔生意，但这并不意味着下一次就有了保证。如果单纯地认为已经成功地做成了一次生意，所以这次也会和上次一样取得成功，从而轻信对方的话，你就无法在商场上抵御厚黑。

还有的人对信誉过于依赖。不错，越来越多的生意人懂得建立良好的信誉意味着生意的兴隆。其实，信誉作为自己的事情，当然越牢固越好。但具体到和别人做每一笔生意时，信誉是不能完全依靠的。懂得商场厚黑学的商人和高明的骗子，都知道这个道理。很可能，刚开始在你面前显示的几次信用，不过是诱你步向深渊的一个诈术。

孙子兵法说：“知己知彼，百战不殆。”每个人，都不能忘记这一深刻的古训。永远对你的对手保持警惕和戒备。随时随地密切注视对手的情况。如果不把问题弄个水落石出，就仓促与对方签合同做生意，无疑是在放任自己的失败。

4. 对待狐狸要比狐狸更狡猾

胡雪岩是近代历史上的著名官商，所谓“做官要做曾国藩，经商要学胡雪岩。”伴随着胡雪岩热兴起，形形色色的以胡雪岩为中心的故事层出不穷，其中不乏赝品。但即使是虚构的故事，也不乏真实的指导意义。

比如有个故事说，有一年，胡雪岩在杭州开了个大当铺，生意兴隆。某日，当铺来了大生意，一个客人拿来了一件稀世珍宝，说是商朝的古董，要当三百两银子。当铺伙计见有利可图，当时就接下了古董。晚上查账，胡雪岩知道了这码事，当即来了兴趣。但他一看就看出了破绽——这哪里是什么商朝古董，分明是仿造的！

胡雪岩没责备伙计，也没有认赔了事，而是让管事的通知全城的达官贵人，说明天请到当铺鉴赏商朝的古董宝贝，并备好了筵席，请大家务必赏脸。第二天，全城有名望的人物都到了，酒席摆好，贵客坐定，大伙纷纷要求胡雪岩赶紧把宝贝请出来一睹为快。胡雪岩对着一个伙计使了个眼色，说去把稀世珍宝请出来……伙计三步两步蹿上楼，抱着宝贝就往下走，结果在楼梯上一脚踏空，连人带宝贝滚落下来，古董被摔成碎片。一群人顿时大呼小叫，唉声叹气。当天，胡雪岩的当铺把古董摔碎了的消息就传遍了全城。

第二天一早，宝贝的真主人来了。他拿出300两银子，要赎回古董。按照当时的规矩，胡雪岩若拿不出宝贝来，就要加倍赔偿。谁知胡雪岩收下银两，当即就叫掌柜拿出了所谓的“商朝古董”，惊得那人目瞪口呆：“你——你——你，你不是已经摔了吗？”

胡雪岩微微一笑，说：“我摔的那个宝贝，比你这个更假!”

假，是大多数人商人给人家的普遍印象。明明恨得要死，明争暗斗很多年，见面也要称兄道弟，“引伴呼朋”。那份亲热劲儿，比真正的兄弟都亲。不过这也容易理解，亲兄弟未必能给他带来利益，假兄弟才能令他发财。

不过，假兄弟毕竟是假兄弟，毕竟是单纯靠利益维系的兄弟，这种兄弟，能让他发财，也能让他伤财，甚至伤心、伤身。因此，毋宁认为，商人的假也是一种无奈。

人们往往用猎人与狐狸来形容好人与坏人，并称再狡猾的狐狸也斗不过精明的猎人。其实在商场上，你很难分得清谁是狐狸谁不是狐狸。在自然界，一只小狐狸问世至少也需要几个月的孕期，但在生活中，一只人，甚至是一个非常好的人，蜕变为狐狸也不过是几分钟的事。所以，人应该诚实待人，但对待那些随时有可能蜕变为狐狸甚至已经蜕变为狐狸的人，就得比狐狸更狡猾。

曾经在网上看到这样一个案例：

几年前，广东某企业在选择市场战略时看准了中国保健品市场。该企业总裁黄先生想方设法与广州某科研机构套上了关系，希望对方能为自己研制一种怡口爽神、健体增智的新型保健饮料。在该企业提供了市场构想及饮料部分原始数据后，研究所爽快地答应了。合同约定，该企业向研究所提供500万元研究经费，研究所方面则要把他们的研究进展情况按阶段进行详细的书面报告。为防万一，黄先生还派了几个刚从某化工厂挖来的研究人员，以协助研发的名义参与开发研制，了解进展情况及实验细节。因为在此之前，已经有很多企业和研究所合作出现了乙方失败或中途退出的先例，他不得不多长个心眼。

结果正如黄先生所担心的那样，饮料试剂开发出来之后，由于这种饮料无论在色泽、口感还是成本上都相当成功，因此研究所方面便动起了歪脑筋——他们想通过自己筹措资金建立饮料厂独占市场，而不愿与黄先生分享成果。很快，研究所对外宣布说开发过程由于种种因素陷入停滞状况，无法继续下去，该研究所愿意赔偿300万元，并向黄先生道歉。

黄先生并未感到突然，因为他从研究所递交的报告及派去的研究人员的汇报中就隐隐感到不对。以往在这种情况下，一般的公司只好自认倒霉，接受不多的赔偿。然而黄先生却有自己的防范措施，他马上用高薪高福利去挖人才，尤其是这个研究所的几个对试验起关键作用的专家，同时他抢先向国家专利局申请了专利。双管齐下，专家如约而来，研究所既失去了人才，又无法进行合法的生产，最终黄先生如愿以偿，得到了新型保健品饮料的科学配方。

看看吧，研究所这么正规、这么高雅的单位，如今都学会赚昧心钱了！这叫什么事儿！看来，做人尤其是做商人，光有真诚、善良远远不够，还得有智慧。如果你太老实，不要去经商。在商场上，与狼共舞都不算什么新鲜事。与狐狸合作，利用狐狸的聪明狡黠，也未尝不是一种思路。但在跟他们合作前，你必须像黄先生一样，提前长个心眼，把防范措施做到位。记住先贤的名言：先小人，后君子。

5. 心眼决定钱眼

接着聊胡雪岩。胡雪岩曾说过一个形象的比喻，他说："钱只有一只眼（旧时的铜钱），另一只眼长在人心眼里。"意思就是说人心眼正，钱眼就亮。这绝不是说说而已。胡雪岩虽然最终败了，且一败涂地，但用老话说，那叫虽败犹荣。据载，当初胡雪岩被朝廷革职，将被查抄之际，其夫人罗四太太主张将各个姨太太房里的现款、金条及珠宝等物共约二三十万两银子，趁天未亮交亲戚及忠心的仆从带出胡府，至少也能落个后半世吃穿不愁，胡雪岩却认为此举有失光明磊落，坚决不同意，并劝慰罗四太太“钱乃身外之物，生不带来，死不带去”。

在未被抄家之前，胡雪岩的资产一度高达两千万两白银以上，即使称不上世界首富，也绝对当得起“富可敌国”。这很大程度上得益于他宅心仁厚。众所周知，他是靠着在钱庄做小伙计时仗义资助了当时尚在落魄之中的王有龄才得以一跃而起的。事实上，他也把这种善良的品质坚持了一生。与他交往过的生意伙伴，乃至对手，都公认他居心仁厚。用胡雪岩自己的话说，就是一把算盘两面打——先为自己打算，然后为合作伙伴打算。当合作伙伴无利可图时，他或是让利，或者干脆不做。

胡雪岩做生意，尤其注重不抢同行的饭碗。

《胡雪岩传》披露，当初，胡雪岩准备开办阜康钱庄，当他告诉信和钱庄的张胖子“自己要弄个号子”时，张胖子嘴里虽然说着“好啊”，但声音中明显带有做作的成分。原因何在？因为在胡雪岩帮王有龄经办漕米这件事上，信和钱庄全力垫款帮忙，为的就是拉住上海运局这个大客户，现在胡雪岩要自己开钱庄，张胖子自然会担心。

为了消除张胖子的疑虑，胡雪岩明确表态：“你放心！兔子不吃窝边草。要有这个心思，我也不会第一个就来告诉你。海运局的往来，照常归信和，我另打路子。”

“噢！”张胖子不放心地问道：“你怎么打法？”

“这要慢慢来。总而言之一句话，信和的路子，我一定让开。”

既然胡雪岩的钱庄不和自己抢生意，信和钱庄不是多了一个对手，而是多了一个伙伴，张胖子当即疑虑顿消，转而真心实意支持阜康钱庄，并说：“你的为人我信得过。你肯让一步，我欠你的情，有什么忙好帮，只要我办得到，一定尽心尽力！”在胡雪岩以后的经商生涯中，信和钱庄给了他很大的帮助，这都归功于他没有抢信和的生意。

胡雪岩不仅做到了心眼正，而且还进一步做到了心眼好。这在其资助王有龄一事上已有完美的体现。如果非要把此事视为胡雪岩的战略眼光与投资，那么其成功之后的一系列善举却是实实在在的、让人无话可说的义举。

胡雪岩自幼丧父，家境贫寒，为了生存他很小的时候便以帮人放牛为生。年龄稍大后，经亲戚介绍到了一家钱庄做学徒。由于从小受过很多苦，少年胡雪岩便非常同情弱者，经常拿出自己微薄的薪水接济一些穷人和逃难者。太平天国爆发之后，流民四起，瘟疫泛滥，已经成为巨富的胡雪岩适时开办“胡庆余堂”，制“避瘟丹”、“诸葛行军散”等广泛施舍，救民何止千万！后来，胡雪岩又结识了左宗棠，左宗棠在任职期间任命胡雪岩管理赈抚局事务。他设立粥厂、善堂、修复道路，收殓了数十万具尸骸，不仅带头捐款资助流民，而且向官绅大户“劝捐”，百姓无不感其德。当然，胡雪岩也因此名声大振，信誉度大大提高，财源自然滚滚而来。

我们前面说过，胡雪岩是靠着资助落魄的王有龄得以发迹的。那么，钱从哪来？事实上，胡雪岩因为能说会道，讨回了一笔连钱庄老板都认为不再可能收回来的“死账”。按理说，作为钱庄的伙计，胡雪岩收回钱应该上交钱庄老板，但他却没有，而是胆大包天地资助了王有龄。这可不是一笔小数目，而是多达500两白银！搁在现在，足够他吃上十年以上的牢饭。当然，胡雪岩没有被送进监狱，但也被老板爆打了一顿，赶出钱庄。由于这一劣迹，他也不可能在同行业寻找到职务，不得已到妓院这种下九流场所去谋生计。所以说，我们看人，一定要客观、辩证地去看，绝不能只看胡雪岩的仗义，而不看他仗义背后的职业道德问题。

在一则清人的笔记中，我们还看到了胡雪岩的另一侧面。笔记中说，有一次，胡雪岩路过一家裁缝店，见门口站着的女子很苗条、漂亮，便多看了几眼。女子觉察后，厌恶地白了他一眼，便急忙关门入屋。就这一眼，令胡雪岩的自尊心大受伤害，当天他便请媒婆拿了数千两白银向那个女子的父亲提亲，要纳其女为妾。女子之父见钱眼开，当即答应。胡雪岩择日将女子娶回，洞房花烛之夜，胡雪岩让新娘子裸体躺在床上，并让仆人在一边举着蜡烛，来回踱步看着新人，看过放声大笑，说："前几天你不让我看，我偏要看。现在你还有什么办法阻止我?"说完推门而去。第二天便派人对这女子说："胡家没有你的位置，你另嫁他人吧!"

尽管此事并不足以说明胡雪岩从贫穷中来又回到贫穷中去存在必然的逻辑，我们也不能单凭此事就断言他为富不仁，但这件事至少说明胡雪岩的心眼并非一尘不染。不过，我们在这里讨论胡雪岩，既不是让人全盘地模仿，也不是为让人一棒子打死，而是让人明白，我们应该从多大程度上学习胡雪岩。而其中最重要的一点，正如万科创始人王石所说的："在一个企业家捧红顶商人胡雪岩为偶像的时代里，我因为不行贿而成为另类，我于心无愧，甚至可以自满。但是，不行贿本来不过是一件我可以做到的最起码的事情，却成为我的标志符号，这也多多少少让我觉得荒诞。"

聪明·糊涂·道

财　富　路　上　的　逆　袭

1. 绝顶聪明绝顶痴

老子说："智慧出，有大伪。"大家都一门心思地发展自己的智商、智力，都要长心眼儿，不论其他，这样就会产生一个问题，那就是虚伪与狡诈。所以，老子很反对唯智慧论。在老子那里，推崇的是"道"。

什么是"道"？就事论事，道就是一种恰到好处的大智慧，或者叫终极智慧。"道"也是中国传统文化的内核。如果把"知识"、"智慧"和"道"比作三个人，站在三个台阶上，那么"知识"只能站在最下面一级。现代人常说，"知识改变命运"，事实上未必。如果知识不被消化、升华知识并最终生发出智慧，那就是对知识的羞辱。而智慧，我们也不能一提它就两眼冒光。其实，智慧这玩意儿往往是最害人的东西。没有智慧，那些贪官们不可能身居高位；没有智慧，那些罪犯们玩不了高科技犯罪。所以，先哲不讲"智慧"，而推崇"道"。所谓"道"，我们也可以把它视作一种智慧的尺度。如我们常说的夫妻之道、为人处世之道等等，其实讲的都是一种度。左了，自己会受损失，即使自己觉得没什么，也会被世俗定位为"傻子"；右了，则是把别人当成傻子，慢说别人不傻，就算别人真傻，他周围就没个明白人吗？如果把握不好其中的度，最好左一点，傻一点。做傻子，至少还有傻福，可把别人当傻子，结果往往是大不幸。

智慧即愚痴——这是佛教的说法。对此，南怀瑾先生解释为：成佛是一个上山又下山的过程，开始你是上山的，然后你必须下山。开始你是努力的、有为的——你需要获取智慧，但到后来，你必须变成非努力的、无为的——你必须舍弃智慧，成为一个无智慧的人……不舍智慧即愚痴。成佛不是一个智慧的成就，相反，它是一个舍弃智慧的成就。

我们可以不信佛，但谁想做一个愚痴的人呢？那么，别太看重智慧。智慧不仅往往把人阻隔在平安与境界之门外，也往往让那些看重智慧的人毁在他最看重的东西上面。

人们往往用“无商不奸”来形容商人的险阴狡诈、见利忘义。奸商的确不少，甚至达到了俯拾皆是的地步。但若说无商不奸，无疑也冤枉了很大一批有良心的商人。比如我本人，我在经商时就不奸。当然，这也可能正是我没赚到钱、没经好商的原因。

不过我虽没赚到钱，也没赔什么钱，顶多也就贴了点时间，刚好与我收获的经验成正比。而有的人就远没有那么乐观了。民国时期就有这么一位。

有一天，一个操着外地口音、穿着考究的中年男子走进一家茶具店，他左看看、右看看，也没掏钱买的意思，最后把店老板都看烦了。店老板还算有涵养，心说只要你不走，多少也得给我留下点儿钱来。正想着，中年男子的眼光停在了一把壶嘴有点儿破绽的破茶壶上面，那个破绽是店老板的儿子不小心打的，巧得是，摔断的一截壶嘴非常整齐。看到这里，店老板忽然灵机一动，他凑上前去对中年男子说：“先生真是好眼力，这是新到的货，也算我们这儿的地方特色，你看这壶嘴，在别处可没有这样的！”

“是吗？”中年男子看了看店老板那一片真诚的脸，说：“那我可得好好看看。你不知道，我是做批发生意的，这次来就想进一批茶壶。对了，你这种茶壶多少钱一把？”

“这个，当然比普通的茶壶稍贵些。不过水涨船高嘛。据那些进货的人说，这种壶卖得都还不错！”

“那你这里有多少？我想进两千把，你这里有那么多吗？”

“有、有、有，您明天下午来，两千把茶壶绝对包您满意！”

“那好吧！我先留下十块大洋当定金，明天来提货！”说完，中年男人便拿出十块大洋，与店老板写了契约，然后转身出了店门。

真是太棒了！卖掉了一把废壶不说，还有这么大一笔生意进账！只是把那些壶嘴都敲成这样有些难度，但看在钱的份上，就连夜加班吧！送走顾客，店老板心思电转，动员起了包括老婆孩子在内的所有能动员的人，每人一把钢锯，锯壶嘴……

到第二天下午，在大家的努力下，壶嘴倒是都锯好了，却迟迟不见中年男人来提货。一直到傍晚时分，才有一个受人所托的乞丐把一封信送到店老板手上，店老板打开一看，登时气炸了肺：“你诳我一个，老子诳你两千！十块大洋算不了什么！老子有的是钱！老子平生最恨奸商！”

有句话说得好：“世界上的陷阱起初都是给别人设的，但最后陷住的却往往是我们自己……”前面我们反复强调，做人做事都需要智慧，但不要忘了那句老话——害人之心不可有。看看身边那些昧着良心赚钱、耍阴谋诡计害人的，哪个不是机关算计，既害了自己，又连累家人？古人云，“君子爱财，取之有道。”这里的道，既是道德的道，也是正道的道。虽说条条大路通罗马，但如果不走正道，即使到了罗马，你也很快会被罗马政府绳之以法。

2. 大智若愚，慧极必伤

大智若愚，本来叫大智如愚，出自宋代大文豪苏东坡之手，简单来说就是有些人虽然看起来挺愚笨，但实际上却才智出众，只是不露锋芒而已。很显然，苏东坡并不是“有些人”中的一位。所以我们绕开苏东坡，谈谈那些真正的大智若愚者。

明朝时，苏州有个姓尤的大商人，人称尤翁。尤翁开了一家大当铺。春节前的一个黄昏，尤翁听到店中有人吵闹，上前一看，原来是伙计与邻居在吵架。伙计说：“他前天将衣服押了钱，今天空手来取，不给他还破口大骂，太不讲理了！”但那位邻居却丝毫也不觉得理亏，仍然气势汹汹，不肯相让。

尤翁走上前去，对邻居说：“我明白你的意思，不过是为了度年关嘛！这点小事，也值得吵架吗？”说完让伙计找出典物，共有衣物四五件。尤翁指着其中的棉袄说：“这件衣服抗寒不能少，你拿走吧。”又指着一件道袍说：“这件给你拜年用。其他东西暂时不用，可以先放在这儿。”那人拿起两件衣服，二话没说立刻离去。当天夜里，他竟死在了另外一家当铺中！他的亲属同那家当铺打了一年多的官司，直到得了一笔赔偿方才罢休。

原来那个邻居因为负债太多，无力偿还，想借一死为后代敲诈一笔钱，到尤翁家吵架时早已服了毒。但尤翁对他仁至义尽，他不忍加害，就转移到另一家。那家老板可没尤翁这么大度，当场就跟他吵了起来，结果吃了官司。

伙计问尤翁，您是怎么事先预知的？尤翁回答：“凡是无理挑衅的人，一定有所依仗。如果在小事上不能忍耐，那么灾祸就会立刻到来。”

历朝历代，古今中外，很多人的确就像尤翁说的一样，明明自己没理，偏要无理取闹。有的人是仗着自己块头大、力气足、财力雄厚、有个善于贪赃枉法的后台，等等；有的人则是像故事中的穷邻居一样，仗着自己能把贫穷坚持到底，仗着自己活着比死了强不了多少，用他们的话说便是：我这光脚的还怕你这穿鞋的不成?!俗话说：软的怕硬的；硬的怕横的；横的怕不要命的；不要命的，怕既不要命又不要脸的。这几种人都不是好人，如果你不想跟他们一样，辱没了我们生而为人的高贵，最重要的是不想因一时之气葬送自己的幸福生活，那么，别跟他们讲理，因为他们若是讲理的话根本就不会无理取闹。你只需冷静地想想他们跟你折腾究竟是为了什么，必要时做一些必要的让步，当一回“傻子”就行了。事实证明，这些人要“争取”的往往并不多。因为他们的素质和格局，早就决定了他们只能在鸡毛蒜皮、块儿八毛上兜圈子。人生还有很多大事等着我们去做，即使只是为他们浪费一点儿时间，也是很不值得的。

然而，郑板桥说过，难得糊涂，由聪明转入糊涂，那就更难。究其原因，在于很多人往往简单地界定“聪明”与“糊涂”。其实，聪明也好，智慧也罢，有时候是夸赞，有时候却是暗讽；而糊涂、老实等，有时候是批评，有时候是自嘲，有时候还是境界。

无疑，大智若愚是人们对残酷社会的适应。但更多的时候，它还是一种本质的体现。近代著名教育家陶行知先生曾经在作品中赞扬过一个叫平老静的老者，称他“平凡而伟大”。那是民国时期，平老静在河北保定市经营一家包子铺。有一次，他拿着镀金的银子去当铺筹集资金，结果后来赎回的竟是真金。亲戚朋友都为他高兴，他却当即把金子拿回了当铺。这事传开以后，不少了人笑他傻冒，但更多的人则是佩服他的诚实，只要买包子就去他家，他的生意因此长盛不衰。

有时候我倒想，类似平老静这样的经商者，应该深深地感谢那些不道德的商人。如果大家都那么诚实，他的生意还能那么好吗？中国人被坑怕了，每天都在以最虔诚的心期待着更多平老静的诞生。然而直到现在，多数人还是活在这种惧怕中。

中国的商人，尤其是不良商人，其智力实在超乎人们的想象。如十几年前，南方曾有一家老字号月饼厂，为了降低成本，居然能想到中秋过后将月饼收回，将里面的月饼馅重新打散、冰冻，等到来年入秋重新利用……结果此事被媒体爆光后，人们好几年都吓得不敢再吃月饼，一时间，好多月饼企业都进入了寒冬。

而还有些商家，一开始就既想要消费者的钱，又想要消费者的命，地沟油、洗衣粉油条、毒鸭蛋、毒胶囊……几乎涵盖了人类饮食的方方面面。更可气的是，这些产品还往往打着“纯天然绿色食品”的牌子大行其道。

班固曾经说过：“水至清则无鱼，人至察则无徒。”这句话应用在市场上，明显只符合消费者，而不能适用于无良商家。所谓大智若愚，慧极必伤，受伤的不仅是商家自己，还有万千消费者。当然，到头来，最受伤的还是商家自己。广大消费者，大不了不吃。

最后要说的是，愈演愈烈的全民投机现象。据说，就连大科学家牛顿，当年也曾经因为参与英国南海公司股票的投机热潮，损失了高达 2 万英镑的巨额财产。而荷兰的“郁金香事件”，居然把郁金香这种普通的多年生草本植物的球茎的价值炒到了与几匹马等值的地步，高出其自身价值的 6000 倍！日本在经济泡沫时期，东京银座的楼房价格也曾创人民币两百余万元每平米的纪录，与泡沫前相比，足足涨了一万倍！等到那个疯狂的时代走入终结时，到处都是破产者，到处都是借酒浇愁的人。东京的各条地铁线动不动就紧急停运——又有人卧轨自杀了。据说，今天我们看到的地铁屏蔽门就是当时的应急发明。

举这些例子，无非是提醒一下那些痴迷于炒房及各种资源，或者有心参与到各种传销组织中的人，世上没有那么多的好事，更没有那么多的好事会找到穷人头上。当大家都认为自己有智慧但实质上是欲望作祟乃至疯狂时，一定要保持头脑清醒，坚持自己的愚人本色。只有等到愚人节结束，真正的愚人才会浮出水面。这一点，诚如巴菲特所说：只有等到退潮时，你才能知道谁在裸泳。

3. 别耍小聪明，当心吃大亏

有人说，如果哪天世界上搞个“最‘聪明’的民族大评选”，我们敢认第二，就没人敢说第一。比如说在美国，申请信用卡和注销信用卡都是免费的，但是更换磨损的信用卡片需要缴纳五美元工本费。聪明的中国人需要更换卡片时，总是先销户再开户，从而节省了更换卡片的五美元。虽然这很简单，美国人却不会。

德国人更笨。据二战期间被困在德国的季羡林先生回忆说，1944 年冬，盟军完成了对德军的合围，法西斯德国败亡在即，大批德国百姓食物短缺、燃料匮乏，许多人被冻饿而死。迫不得已，德国政府只好允许市民上山砍柴。但是政府规定，只有那些做了标记的老、弱树和劣质树才能砍伐，没有做标记的严禁砍伐。结果，几个德国人为躲避战争跑到了慕尼黑地区的黑森林附近。当时刚刚下完雪，天气非常寒冷，他们想砍些树枝来取暖。谁知，他们看到了一块“若想砍树必须得到州政府许可”的牌子。当时，哪还有什么州政府？结果这几个德国人愣是守着大森林，活活地冻死了！

还有日本人、印度人、俄罗斯人、阿拉伯人、非洲人……都没有我们聪明。可是有一点，我们的成就却和我们的聪明不成正比。原因何在？就在于我们往往“聪明”得过了头，结果聪明反被聪明误。

前些年，我的老家曾经流传过一段轶事。

某村一个叫王二的青年，在县城开了一家饺子馆。一开始，为了招揽客人，王二和家人兢兢业业，起早贪黑，不仅所用的材料都是最好最新鲜的，而且做到了物美价廉且卫生。很快，王二饺子馆的名声传遍了全县，前来用餐甚至专门来买生饺子的人络绎不绝。一个在我们县来观光的日本商人吃过后，还提出要与他合作，生产速冻饺子销往日本。这样一来，生意自然是好了，但生产成了问题。其实也根本不是问题，我们那里最多的就是闲置劳动力，包饺子又不是什么技术活，只需给上一千元，要多少人有多少人。但王二却为了尽量少招些人，节约成本，发挥自己的聪明才智，想出了一个非常有创意的办法：去二手市场买了个洗衣机，用来拌馅！这样一来，效率当然是提高了，成本也节约了，但店里的饺子他自己也不敢吃了——实在是想想都恶心——尽管那个二手洗衣机也经过了“严格消毒”。如果仅仅如此，还不能证明王二的聪明。他就像很多自认为聪明的人一样，居然毫不知耻地当众吹嘘自己的“创意”！这下可好，没多久，全县城都传遍了，最后连工商局都听到了传闻。可在工商局查封他时，王二还振振有词地说：我这经过严格消毒了！

其实，谁都不差一分钱，但是谁也不愿意无缘无故地吃亏，哪怕是吃一分钱的亏。而加油站的做法，看似每次都赚钱，但是丢失一个客户，一年得少赚多少钱？更何况再多的金钱都无法挽回客户的信任！而且这样经营的话，丢失的客户恐怕远不止我的朋友一人吧！所以说，这种聪明还真不是什么好事儿。不管是为人处世，还是经营企业，如果不想让过去的努力付诸东流，切不可自作聪明，而把别人当成傻瓜。

还有一些人，他们虽然不像上文中的加油站那样去算计别人，但是由于无法克制住自己的贪心他们往往自恃聪明，总是幻想着狠狠赚它一笔。憧憬着花两块钱就中500万，惦记着自己的股票大涨特涨，或者期望老板一个劲地给自己加薪、升职。面对那些预期中可能得到的金钱、地位和成就，他们总是习惯着想象——“这钱是我的了”，从此头脑不再清醒，以至于梦想破灭，丢人破财。

前些日子，网上有一则新闻，说某市一位女士，在网上购买打折机票时，居然先后往骗子的账户上打入了数万元，而骗子的骗术并不高明，无非是说恭喜你中奖了但要先交一些手续费等。但骗子仍然屡屡得手，究其原因，就在于人们在利益面前往往克制不住自己的贪念，有人提醒还总以为别人迂腐，自恃自己的聪明，认为自己就是那个幸运人，不久就可以得到大把的利益，从而变得不再谨慎和小心。其实，先哲早就说过，“贪小便宜吃大亏”，“每一笔便宜都挨着害。”所以，遇到类似的事情我们不妨冷静几秒钟，仔细想一下：钱是那么好赚的吗？为什么偏偏把这些都给我？每一个前车之鉴，都告诉我们：利益总是与风险成正比。诱惑太高时，往往意味着这是个骗局。但归根结底，我们还是被自己的心理所骗。我们的身边遍布着太多陷阱，它们都是专门给那些自恃聪明且爱贪小便宜的人而准备。

4. 不怕起点低，就怕境界低

三十多年前，一个二十多岁的小伙子往返于福州和温州之间跑推销，兼带做些小生意。有一次，他背着一个装有2000元现金和一些衣物的皮包，跟车从温州去福州。行至半路，有个老人在路旁招手拦车，他示意司机停车，捎上了老人，搭便车同往福建。

第二天晚上，车至福州。和老人道别之后，小伙子住进了一家旅社。临睡前，他像往常一样检查自己的包时发现，里面竟然有厚厚一沓钱，一数竟有整整11万元之多！小伙子明白了，这肯定是那位搭便车的老人拿错包了！尽管当时的小伙子见都没见过这么多钱，但他二话不说，便拉上司机去寻找老人。

福州那么大，从何找起呢？他们采取了最笨的一种办法：各旅馆一家一家地问。最后，当几乎已经绝望的老人看到小伙子拿着自己的皮包出现在自己眼前时，顿时激动得说不出话来。接过包，老人当即拿出1000元表示要送给小伙子。小伙子却说："我如果想要你的钱，就不会来找你了！我只想取回属于我自己的2000块钱。"

这个小伙子，就是今天的奥康集团总裁王振滔。如今的奥康，光是年产值就在10亿元以上，但是当年初创永嘉奥林鞋厂时，全部资本不过三万元。另外，有据可查的是，王振滔出身清贫，创业前曾做过三年木匠，跑过五年推销。前述拾巨款而不昧的故事就发生在其创业前两年。我们有理由相信，当时的王振滔至少有了日后创业的萌芽。那么设想一下，如果当年的王振滔留下了那笔天降巨款，是不是会对他的事业有所助益呢？

理论上来说，肯定有所助益，但王振滔却不这么认为，他总是说："对于我来说，当时的 11 万元比现在的 11 个亿更具有吸引力。但如果我当时拿了这 11 万元，自己良心不安不说，很可能还会抱着这 11 万元去过快活日子，也不会想到去创业了，那样我也不会有今天!"

的确，做人做生意，不怕起点低，就怕境界低。境界这种东西，本身就是一种成功的标志。

对有境界的人来说，贫寒也是一种财富。谁不想有个好起点?但能有好起点的毕竟只是少数。不过，有好起点绝不等于有好结果。相反，世界上的大多数成功人士，包括很多名人，都是从社会最底层开始起步的。比如前面提到的王振滔，再比如演"死尸"入行的成龙，从茶楼小伙计做起的李嘉诚，放牛娃出身的胡雪岩，他们的故事都在说明，起点低并不可怕，只要肯付出，走正途，人就不必担心自己的未来。做人，只怕境界低，只怕住着茅草屋就不敢幻想高楼大厦，更怕因为物质的匮乏就看不起自己，将自己卑微化，甚至产生破罐子破摔乃至"不能流芳千古那就遗臭万年"的想法。

对有境界的人来说，人品是最大的财富。所谓做事先做人，做人成功了，到处都是朋友，还愁事情做不好，赚不到钱吗？很多人脉、资金、家世都不缺的人之所以人生成就表现平平，即使不败家，顶多也只能做个守业者，原因恐怕就在于他们做人失败，除了钱之外，再没有值得依赖的朋友，最后失道寡助不说，还连累着他们手里的钱被人骂作"臭钱"、"昧心钱"。

我们再来看看王振滔卖米的故事。在开办鞋厂之前，王振滔曾经开过一个小米加工厂。他卖米与众不同，别人磨米，总是想尽办法多出米，少出糠，一般来说，100 斤稻谷到同行们手里，至少能打出 80 多斤米，个别人能磨出 90 斤，只有 10 斤糠；但同样重量的稻谷到了王振滔手上，却只能出 70 多斤米，20 多斤糠。表面看来，这样做即使不赔钱，也已经少赚了很多。但是王振滔的生意却是同行中最好的一个。原因倒也简单，同样的稻谷出的米越少，米的质量就越高，买米的人自己愿意到他那里去买米，即使他的米价稍高一些，人们也愿意接受。另外，出的糠多，又意味着他的糠里面有更多的营养物质，所以买糠的人也愿意到他那里买。

无独有偶，台塑集团创始人王永庆创业之初也曾卖过米。由于家里穷得揭不开锅，王永庆 14 岁就辍学走上社会。在台南嘉义县一家米店中做了一年学徒后，他便开起了自己的米店。但在当时，当地的米店早已饱和，因此王永庆的生意一点儿都不好，甚至随时有倒闭的可能。

怎样才能把顾客吸引到自己的米店中呢？王永庆颇费了一番心思。

首先，他发现，受加工技术所限，当时的成品米中大多混杂着米糠和沙子，买卖双方都见怪不怪。王永庆却自找麻烦，每次都是先把米中的杂物拣净之后再出售。

其次，王永庆发现，买米的顾客大多是家庭主妇，她们力气小，扛着一袋米走起路来非常吃力，于是他主动提出送货上门，并且直接把米倒进顾客的米缸里，还定期为顾客提供免费清洗米缸的服务。

有一天，王永庆见到一位老顾客从米店前经过，他马上叫住对方说："您家的米缸里已经没多少米了，今天是不是要买些回去？"那人非常吃惊："你难道是我家米缸里的老鼠？连我家的米有多少都知道！"原来，每次送米时，王永庆都会以拉家常的方式打听顾客的信息，比如家里有几口人，一个月吃多少米，男主人何时发薪，等等，然后一一记在随身携带的小本子上。这样他就完全掌握了客户的需求信息，服务很有针对性。后来，王永庆还学会了主动出击，估摸着谁家的米吃得差不多了，他便预先送米上门。顾客不方便时，他便先行赊欠，待顾客发薪时再上门收账。

就这样，王永庆的小店逐渐成为了当地生意最好的米店。在此基础上，王永庆再接再厉，不断发展，最后成了台湾的首富。

很多人或许不服气：不就是保证质量、做好服务嘛！这有什么了不起的？也算境界？我若开个米店，日后也能成为王振滔、王永庆？这个我们自然不敢打保票，但境界的确如此。

什么叫境界？境界就是在别人没看出来之前，你看到了，并做到了；什么叫境界？境界就是在超越别人的同时，超越自己！前者是做事的境界，后者是做人的境界。做到这两点，你即使不能成为王振滔、王永庆，至少也能超越贫穷。

5. 要赚钱，要站着赚钱

“皇上都没了，没人值得你们跪！”这是姜文导演的大片《让子弹飞》中的经典台词。

的确，造物主给我们一双膝盖，绝不是用来下跪的。但是，造物主决定不了太多的事情，下跪就是其一。就连姜文口中苦命的皇帝光绪，他表面上看起来高高在上，接受万民的跪拜，但实际上却有一双比他更命苦的膝盖，不仅需要经常下跪，而且还比一般人跪得多。这绝不是犯贱，而是迫于慈禧老太婆的淫威。

人生充满了无奈。换作大多数人当光绪，都得跪。这是生存的必要，也是当时的社会环境使然。对古人来说，跪跪父母，根本不丢人。慈禧老太婆虽说狠毒，但至少是光绪名义上的妈咪。

即使到了今天，下跪仍未完全剔除出中国人的生活。几年前，我奶奶去世时，我就曾按照风俗给每一位前来吊丧的亲戚朋友跪着献过孝布，相信多数农村出身的读者都能理解。

说实话，这样的风俗真的没什么必要。但比这更没必要的是，为金钱下跪。光绪跪了半天慈禧，最后还不是被老太婆毒死了？金钱比慈禧还恶毒，下跪能跪出个富翁来？充其量也不过能跪出个三瓜两枣、柴米油盐。

话虽如此，“一文钱难倒英雄汉”，金钱的杀伤力始终不容小觑。两千年前，司马迁就曾经在《史记》中感慨：“凡编户之民，富相什则卑下之，佰则畏惮之，千则役，万则仆，物之理也。”这话翻译成现代话就是：“这世界上的人啊，如果别人的钱比他多十倍，他就会下意识地点头哈腰、低声下气；比他多百倍，他就会没来由地怕人家，不管有理没理，绝对没底气；再多的话，他们就会心甘情愿地为奴为仆，张口老爷太太，闭嘴少爷少奶奶……”司马迁不是美文家，不会无缘无故地惆怅。他的理论经得起检验，而且有着沉痛的经验教训——他本人就是因为拿不出足够的保释金，才落了个惨遭腐刑的悲惨下场。

历史俱往矣，但今天的日子没有钱的话依然是难过的。因此，拜倒在金钱脚下的人从来都是前仆后继。相信在你身边不出一百步的地方，就有这种人。

单纯地拜倒在金钱面前，或许并不是什么特别可耻的事情，人各有志嘛，可以理解。我的一位老乡就曾经在大街上说过：“谁给我一万块钱，我马上给他跪下叫爸爸！”然而如你所知，我的那群老乡们并不缺儿子，他们和那位坦率的兄弟一样，只缺钱。

换言之，下跪不等于赚钱。拜倒于金钱脚下绝不是什么独立事件。拜金主义真正可怕的地方在于它会让人疯狂，让人想尽一切办法去捞钱。

为此，人们说：钱是万恶之源。这实在是冤枉了钱。金钱何罪之有？金钱就好比你家厨房里的菜刀，在妈妈眼中，它是用来为宝贝儿子、宝贝女儿烹饪最爱吃的五花肉时必不可少的工具，每一刀都带着爱；但在歹徒手里，它就只能用来干坏事，成为罪恶的帮凶。同理，一个人既可以匍匐在金钱脚下，不择手段地去讨金钱的欢心，以期可怜的施舍，一个人也可以、也应该挺胸抬头地去追求金钱。

要赚钱，要站着赚钱！这不只是为了我们生而为人的尊严，也是为了金钱的尊严。

前面说过皇帝也要下跪，这绝不是特指光绪。包括那位革了司马迁命根的汉武帝，关键时刻也得跪。汉武帝得势之前跪他的瞎眼老奶奶就不提了，除了她，汉武帝至少应该还跪过老天（到泰山封禅）和孔子（罢黜百家、独尊儒术），由于缺乏相关的材料。我们只能说“应该”，但即便他没跪过，按照理论他却应该是跪的。或者不论他跪与不跪，他至少开辟了一个跪孔子的时代，为孔子的隔世徒孙炮制“三纲五常”等“下跪理论”提供了条件和支撑。

这实在是与孔子的理念背道而驰。抛开孔子本人是否乐意后世向其牌位跪了又跪不谈，孔子至少不赞成向金钱下跪。

子曾曰：“富而可求也，虽执鞭之士，吾也为之；如不可求，从吾所好。”意思就是说：如果富贵可以堂堂正正地追求金钱，并且能让我致富，即便是让我做赶车之类的工作我也愿意；但如果富贵非要以“放下身段”为代价，那我还是干点自己喜欢的事儿吧！

这就是孔子。他也不曾与金钱完全划清过界限，但他至少还能与金钱平起平坐。

我们也必须求得金钱与尊严之间的平衡。否则，即使你能跪着挣钱挣到手软，终有一天会发现自己其实还是那么的贫穷。

还说《让子弹飞》吧：

姜文：我好不容易劫了趟火车，当了县长，我还得拉拢豪绅，还得巧立名目，还得看他妈的脸色，我不成了跪着要饭的了吗？

葛优：那你要这么说，买官当县长还真就是跪着要饭的。就这，多少人想跪还没这门子呢！

姜文：我问问你，我为什么要上山当土匪？我就是腿脚不利索，跪不下去！

葛优：原来你是想站着挣钱啊！那还是回山里吧。

姜文：这我就不明白了。我已经当了县长了，怎么还不如个土匪啊？

葛优：百姓眼里你是县长，可黄四郎眼里，你就是跪着要饭的……挣钱嘛，生意，不寒碜。

姜文：寒碜！很寒碜！

葛优：那你是想站着，还是想挣钱啊？

姜文：我是想站着，还把钱挣了！

葛优：挣不成！

姜文：挣不成？

葛优：挣不成！

姜文：这个（枪，代表实力），能不能挣钱？

葛优：能挣，山里。

姜文：这个（惊堂木，代表权力），能不能挣钱？

葛优：能挣，跪着。

姜文：这个加上这个（枪加惊堂木），能不能站着把钱挣了？

这一次，葛优没有明说，只说“敢问九筒大哥何方神圣?”言下之意还是不能挣。

为什么葛优总说站着不能挣钱呢？因为他在《让》剧中扮演的就是一个小人，一个靠投机钻营、靠女人卖身赚得的金钱的威力才当上县长的小人，你怎么可能让他认可站着也能赚钱？如果他认可的话，他就不会买官了。不过我们也得理解故事中的葛优，他之所以买官，也是一种“无奈”——他没本事，只能靠买。如果他有本事，又何须作贱自己？从这一点上说，跪着赚钱的人都不容易。但说回来，既如此，何不练些真本事，堂堂正正地把钱赚到手？

得失·成败·缘

财　富　路　上　的　逆　袭

1. 君子固穷富天下

现在的年轻人，大多是从鲁迅先生的《孔乙己》中接触到“君子固穷”这个成语。孔乙己是先生作品中少有的负面悲剧人物，能与之一拼的，大概也就只有阿Q了。正如很多人在提到阿Q精神时动辄大摇其头，很多人在提及“君子固穷”时，嘴角也多半会冷笑一声，同时脑海中立即浮现出一副与孔乙己相似的“不幸”又“不争”的潦倒知识分子的样子。

其实，这是一种非常要不得的想当然心理。孔乙己固然“不幸”，但众所周知，他不过是当时中国人的集体缩影。至于不幸，那更是中国知识分子的常态。就连“君子固穷”这句话的发明者孔子，当年也不是潦倒得如同丧家之犬吗？

据《论语》记载，孔子带着众弟子周游列国，屡屡碰壁，在陈国时，甚至连饭都吃不上了。学生们因饿生病，个个无精打采。孔子的得意弟子怒气冲冲地对孔子说：“难道君子要落个穷困饿死的下场吗？”（君子亦有穷乎？）孔子说：“君子之所以称为君子，就在于他们穷困时也能恪守道义。而小人之所以称为小人，则在于他们穷困时便会放弃原则，胡作非为。”（君子固穷，小人穷斯滥矣）

关于“君子固穷”中的“固”字，学术界一般来说理解为坚持、安守的意思，而其中的“穷”字却与现代人概念中的“穷”字大有不同。我们曾经提到过的另一位孔子的高足、既有钱又有才的端木赐，就犯过类似的错误。史料记载，孔子逝世以后，子贡做了卫国的相国，有一天，他去看望师兄原宪，见原宪的吃穿住行都不好，子贡便问："难道你很穷吗？"原宪回答说："我听说，没有财产的叫做贫，学习了道理而不能施行的才叫穷。像我这种样子，是贫，而不是穷啊。"子贡听出师兄是话里有话，感到很惭愧，拜辞而去，此后至死都在为这次说错了话而感到羞耻。

为什么子贡会为一个"穷"字而感到羞耻呢？这还得回到"穷"在古代的意义上。古汉语中的穷，不是指贫穷、没钱；而是指困窘，特指没有功名、官职，与"达"相对。那么，我们再联系原宪所说"我是贫，不是穷"，就不难看出，原宪其实是在暗示子贡：我既贫又穷，但我坚持自己的价值观与老师的教诲，不随波逐流，不"为达而达"。而你的富贵和通达，即使干干净净，也少不了为其折腰吧！

在著名作家雾满拦江的作品《金钱的秘密》中，原宪据说还是当时天下车帮的总瓢把子，说好听点叫做武林盟主，说难听点叫做黑社会老大。穷也好，贫也罢，如果不是原宪自己愿意这样，世上哪有堂堂老大却贫穷困窘的道理？

同样的推理也适用于孔子最器重的弟子颜回。关于孔子器重颜回，《论语》中曾反复提及，其中最著名的一次就是孔子说："贤哉回也！一箪食，一瓢饮，在陋巷，人不堪其忧，回也不改其乐！"无须过多注释，我们也能理解这段话是在说颜回混得很不好。作为孔子最器重的弟子，你可以为他感到悲哀，但你必须敬重这种悲哀。这种悲哀背后，是一种巨大的道德支撑。不管是颜回也好，还是原宪也罢，他们其实完全可以选择不悲哀。只要他们愿意，他们甚至都不需摇身就可以像子贡一样，一变为列国诸侯的座上宾，功名、富贵、权力，想甩都甩不开。

不妨再谈谈孔子的另一高足冉求的故事。冉求是孔门弟子中的另类，或者说他根本就不配称孔门弟子，因为他根本不像颜回、原宪等人那样，处处以道德为人生核心。在《论语》中，他既没有向孔子请教过与仁、义、礼、孝等儒家道德观念方面的看法，也没发表过类似的看法。他并不太重视道德，对孔子也不是很服从。不过，冉求颇有才学，不仅因擅长理财做过鲁国权臣季氏的家臣，公元前 487 年他还率鲁国军队成功地粉碎了齐军的入侵。也因此，没有跟随孔子周游列国的他，趁机说服季氏，把孔子迎回了阔别 14 年的故国。照理说，孔子应该对他另眼相待，但事情的发展远不是那么回事儿。孔子不仅公开宣称冉求不是自己的徒弟，还号召众弟子敲着鼓臭骂冉求。而原因，就是因为击败了齐军的冉求为了再创佳绩，帮助季氏进行田赋改革，乘机聚敛财富！

什么叫“君子固穷”？这就是。致富也好，成功也罢，所有的底线和瓶颈，或者说是不成熟，都只是针对君子而设的。只要你不想做君子，你随时可以去发财。

包括孔子本人，只要他愿意，相信他也可以随时跻身春秋末年的财富榜。很多人说到孔子，必提其流亡生涯。其实，孔子最初也是可以选择不流亡的。在流亡之前，他已经官居大司寇。他只不过像历史上所有的清官一样，做不了贪官，结果触怒了既得利益者，被迫周游列国。

人们之所以奉孔子为“万世宗师”，还在于他并不以自己的失意为杠杆去看待这个世界，也不以贫富为标准去教导他的学生，更不以财富为标杆去设计自己的人生。像前面提到过的冉求，若是换了别的老师，没准早就同流合污了。但在孔子那里，不管你对我有多好，只要你触犯规则，那我就必须做个有良知的记者，无情地揭露你。再比如在流亡期间，很多弟子都曾经为孔子的遭遇，其实也是为他们自己的遭遇鸣不平，但孔子每次都是开导他们往积极的方面看：“不患无位，患所以立。不患莫己知，求为可知也。”意思就是："你们别怕没有官位，不能富贵，只需担心没有安身立命的本领。也不要担心没有人了解自己，只有具备真才实学的人，才值得别人去了解。"这样看来，孔子还是个励志大师。

我们有必要研读经典，向儒家学修身做人，但更有必要向孔子学学怎么励志。"君子固穷"没有错，但"君子固穷"的前提是他得有"富天下"的本事。时代进步了，仕途早已不再是人们唯一的通达路。一个人如果因为不求上进、不爱学习而不得不"固穷"的话，那他就没资格说"君子固穷"这句话。别忘了——天行健，君子以自强不息！

2. 就当财富是种缘分

有这样一个故事：

一个贫寒的农夫在田里除草，看着满田长势良好的庄稼，农夫不自觉地唱起了欢乐的小调。忽然，妻子跑来告诉他，刚刚收到电报：农夫的一位远房亲戚在国外去世了，临终时指定农夫为遗产继承人。而在这之前，农夫根本就没听说过自己还有一个阔亲戚。

不管怎么说，农夫欣喜若狂。那可是一家大珠宝店啊！以后再也不用扛那把讨厌的锄头了！农夫立即回家，开始为出国接收遗产做准备。但就在农夫准备动身之际，国外却传来了不幸的消息：一场大火烧毁了商店，所有珠宝化为灰烬。农夫空欢喜一场，只得重新回家种地。

此后，农夫好像变了一个人。他一天到晚愁眉苦脸，逢人便向对方诉说自己的不幸："那可是一笔很大的财产啊，我一辈子见过的钱还没有那笔钱的零头多……”

“你不是还和从前一样吗？你就权当没有听说过好啦！”人们安慰他。

“什么？”农夫气愤地叫了起来：“损失了那么大一笔财产，你们却说我什么也没损失！”

“你不过是失去了一件你从未得到过的东西，跟你有多大的关系呢？”人们继续劝他。

“好端端的一个珠宝店，突然被烧光了，这不是飞来横祸吗？你们是不会了解的，你们不知道我的心有多疼！”农夫始终想不开。不久后，农夫在忧郁中死去。

真是塞翁失马，焉知非福？农夫得财，结果致祸。如果这位农夫多少懂一点道家“祸兮福所倚，福兮祸所伏”的道理，他最终的结局可能就不会这么悲惨。事实上，正如那劝慰他的邻居所说，他那也真不叫什么“祸”，珠宝店本就是凭空而来的，失去了正如没有得到一样。而且，即使珠宝店是他自己通过辛苦努力赚来的，该没了的时候也会没，没有什么不正常的，只是有些人面对这些正常现象，能够想开，而有些人却说什么也想不通而已。

人类是趋利避害的动物，谁都喜欢得到，谁也不喜欢跟失去发生有关的事。包括笔者在内。有一次，我去某出版单位联系下一步合作事宜，满怀信心而去，谁知到了那里却被告知，由于我的业务能力问题，该单位决定中止与我的合作。也就是说，我下一年度的财源出问题了。回去的路上，一向乐观的我心情郁闷到了极点。说实话，坐在地铁上，我连给站在我身旁的老先生让座的心情都没有了。

不过，我最终还是让座了。而且，让完座之后，我的心情居然慢慢好了起来！

在我回到家之前，我就想通了：不就是不合作了吗？有什么了不起！只要我愿意，合作单位有的是。我这么说，并不是凭空的自信。我的优点是厚道、负责、珍惜任何人给我的任何机会。但现实就是这样，你珍惜，你努力，你负责，不等于别人就满意。或者我应该承认，我的工作确实存在诸多不足。但我已发自内心、全心全意地尽力了，而且我非常乐意在接下来的时间里尽力坚持到底。如果这样“仍不给力”的话，我只能认为这是天意。为了不让自己太难受，我必须把过去种种当成一种缘分。

“缘分”一词源自于佛教。佛教教义认为，我们所在的娑婆世间一切都是因缘而生、因缘而起。财缘当然也不例外。如《佛说贤愚经》有个故事：

佛祖住世时，舍卫国有个大富翁家生了一个小孩子。这孩子长得非常端庄，但他的手从出生起就始终紧紧攥着，家人非常奇怪，就用力把小孩的手掰开，结果发现孩子的左右手中各有一枚金钱。家人就把金钱取出，但更奇怪的事情发生了——孩子的手中立即又生两枚金钱。家人满腹狐疑，再次取走金钱，但孩子手里的金钱随取随生，永不断绝。富翁高兴之余，就给这个孩子取名“金财”。

时光流转，金财逐渐成年。这一天，他突然请求父母允许自己出家。父母虽然不舍，但在当时出家可是非常高端的选择，于是便应允了。之后，金财找到并皈依了佛祖。正式受戒时，金财向众僧一一礼拜。不管他拜向哪位僧人，对方身前便现出两枚金钱。佛祖的弟子、阿难尊者便请教佛祖，这是何因缘？佛祖便开释道：“在过去九十一劫前，是值毗婆尸佛住世，度化无量众生。当时有一个贫苦的樵夫，每日砍柴伐薪，勉强糊口。有一天，农夫卖得两文钱，高高兴兴往家走，路上遇到了毗婆尸佛。农夫心生善念，拼着自己肚子挨饿，把两文钱供奉给了毗婆尸佛。毗婆尸佛郑重收下了两文钱，并发愿于九十一劫后使其手中常握金钱。当时的樵夫，就是今天的金财比丘。”

不管你是不是认同故事中佛祖的道理，但你不得不佩服佛家的高明。佛家的高明之处就在于，它能够针对所有人类无法解释的问题给出自己的答案。比如很多人经常问的：“为什么我总是没钱？”“为什么我爱的人不爱我？”“为什么我总是某些处不好？”等等问题，都可以用“因缘”两个字简单搞定。说具体点便是：由于你上辈子不肯舍财，所以这辈子便没人舍财给你；由于你上辈子没有积德，所以你这辈子就要受苦；由于你上辈子造了孽，所以你这辈子要遭殃；等等。对此，不必深信，但它至少是一种思路，一种能让人不再执迷于痛苦的高明思路。

另外，佛家既然认为一切都是因缘而起，那么因缘而起的一切因缘而灭，实在是太正常不过。

说完佛家的缘分，我们再来看看俗家的缘分。对普通中国百姓来说，什么叫“缘分”？当今社会，“缘分”其实就是“钱分”。一个人有钱了，往往也就有缘了。你可以不认同、也不应该认同这个逻辑。但在各种各样的场合，尤其是与金钱有关的场合，诸如“我们真是有缘啊”这类话实在屡见不鲜。

客观地说，这话不过是句客气话，无可厚非。但有时候，它却让人觉得有点恶心。我曾见过一位作者，该君进入某出版单位找某编辑，他说来说去，总也说不出该编辑究竟姓什么，最后无奈出门而去。稍顷，此君再次破门而入，终于说对了该编辑的姓名，于是获准在编辑部等该出门的编辑。此君在等待期间大谈他与该编辑这有缘，那有缘，直至说出“我跟她的关系就是姐组跟弟弟的关系”之类的话，直听得我身旁一位不懂沉默是金的小编向我耳语：“扯什么淡？你会连你姐姐姓什么都不知道吗？”的确，这哪里是什么

“缘分”？这根本就是“胡扯”！

冷静想来，我的财源出了问题，很大程度上也正是因为不屑这种所谓的“缘分”。写到这里，我的心里非但一点儿也不难受，相反倒升起了一丝丝豪气。

就当财富是种缘分吧！不管它是佛家的缘分，还是俗家的“缘分”。

3. 尽人事，顺天命

是时候该聊一些负面的东西了。比如我们这本书的书名——财富路上的逆袭——万一逆袭不了怎么办？

这种情况不是没有可能发生，相反，它还相当正常。我们在前面的章节中曾经探讨过命运。事实上，财富也好，其他方面也好，有时候还真有些命运的成份。

汉文帝时的宠臣邓通的故事，颇能说明这个问题。

邓通的发迹很有点儿传奇的味道。他本是宫中一个普通的御用船夫，时人唤作“黄头郎”。因为当时五行之说盛行，土胜水，故而船夫都戴土黄色的帽子。说来也怪，汉文帝有一天睡觉时做了一个梦，他梦见自己一飞冲天，眼看就要登上南天门了，关键时刻却怎么样也冲不上去了。就在他要急醒了的时候，梦中有一个黄头郎用力推了他一把，一切才得以OK。进入了轨道的汉文帝非常细心地发现：这个黄头郎的衣服上有个破洞。第二天，他便抱着试试看的心思来了个暗访贵人，结果无不巧地发现了正在河边补衣服的邓通。幸亏衣服上那个破洞没补好，邓通得以当上了士大夫。

如果说邓通到此为止全凭运气的话，那邓通此后的发展就全靠自己的本事了。他别的本事没有，只有一套拍马屁、阿谀奉承的本事。在民间，“拍马屁”也叫“舔屁股”，这绝非夸张，更不是粗俗。因为历史上真有这事，而主角正是汉文帝和邓通。有一次，文帝的屁股上生了个疮，虽经太医调治，却总不见好，搞得文帝坐也难受，躺也难受。在所有御医束手无策之际，邓通默默地走上前去，带着十二分的恶心把脸凑近文帝的屁股，将其疮里的脓血吸了出来。说来也奇怪，邓通吸过之后，文帝的疼通便减了几分。之后，邓通又给文帝先后吸过几次。文帝在感动之余，疮也慢慢好转。有一天，就在邓通将吸未吸之前，文帝问邓通：“你说天底下谁最爱我?”邓通很会说话：“那自然是太子。”巧得很，话音刚落，太子就进来问安，心血来潮的文帝便叫太子给他吮疮。太子无奈，只好跪在榻前，将嘴巴凑向文帝溃烂的屁股。但还没碰到疮口，太子竟恶心地呕吐起来。文帝见了很不高兴，太子只好怏怏退出。通过这件事，文帝更宠爱邓通了。一日，文帝闲来无事，命一个术士为邓通看相，术士直言不讳地说：“邓大夫以后会因贫困而饿死。”文帝听后不高兴，激动地对邓通说：“朕要想让你富，有何难哉?”说完颁下一道诏书，把蜀郡严道县的铜山赐给了邓通，并且允许他铸钱！邓通从此富可敌国，后世甚至将其姓名当作了金钱的别称。

遗憾的是，邓通因为舔屁股走上了致富路，也因此招致太子的记恨。没几年，文帝死，太子刚一即位，便把邓通革职，夺其铜山，并没收所有家产。邓通一夜之间身无分文，与乞丐无二，最后竟真的应了那个相士的话，饿死街头。

儒家说：“生死有命，富贵在天。”在别处，这无疑是种消极且迷信的思想，但在这个故事中却有现实意义：在封建年代，皇帝就是天，邓通因为讨好皇帝被赐铜山，可不就是富贵在天嘛！莫说邓通，历史上的大多数贪官奸佞（如和珅）也大多是靠着讨好皇帝老子的本领，才得以高官得坐、金银满屋。

但你若认为我是教你学马屁的话，就绝对大错特错了。邓通的悲喜剧告诉我们，即使富贵在天，天有时也会塌下来。这很正常，“天若有情天亦老”嘛。一个成熟的人，就应该既能欢欣接受命运的赐予，也要坦然面对命运的逆境。宠辱无惊、知足常乐，尽人事、顺天命——这才是真正的儒家精神。

宠辱无惊、知足常乐，需要特别解释的是富有辩证意味的尽人事、顺天命。对此，季羡林老先生曾经说过，所谓“尽人事、顺天命”，首先必须“尽人事”，否则馅饼绝不会自己从天上落到你嘴里来。但又必须“顺天命”。人世间，波诡云谲，因果错综。只有能做到“尽人事而顺天命”，一个人才能永远保持心情的平衡。

天命，也就是命运，与我们上一节阐释的缘分同属一个系列，但命运偏本土，而缘分偏泊来；缘分多少有些喜剧色彩，至少是以喜剧开场，而命运多带有些悲怆的味道。

而两者的共同点，则可以用“无奈”一词来概括。很多时候，再虔诚的双手也改变不了生活的轨迹，“缘分”之所以叫作“缘分”，“命运”之所以叫做“命运”，就在于它们可遇不可求，无法捉摸、难以改变。

人又不能完全屈服于缘分和命运。漫漫人生路，上下求索。古人说：“谋事在人，成事在天”；西方人也说：“努力是自己的事，成功是上帝的事。”孔子也说，“五十而知天命。”孔子颠沛一生，矢志不渝，郁闷时发发感慨，事情过后继续坚持。

民谚说：命里有时终须有，命里无时莫强求。但一个人从未追求过，又谈什么命里有无？人生就像播种，大旱、洪水、蝗灾……大自然稍微开个玩笑，就能让我们颗粒无收。但我们不能因为有可能发生自然灾害就不播种。我们不仅要播种，还要尽可能地多播，同时还要播下一颗得失随缘之心，让它来指导我们生活的法则。

4. 钱病还需钱药医

赵丽蓉老师在小品《包装》里说：钱真是个好东西。没有钱，就不能TV。其实，“没有钱不能TV”根本不足以显示钱的威力之万一。没有钱，就不能买房、就不能买车、就不能下饭馆、不能逛商场，甚至不能上收费公厕。虽说也有人骂——钱是王八蛋，但不管骂的还是不骂的，每个现代人都必须围绕着钱展开生活。

那么，一个人有了钱，是不是会更快乐、幸福呢？理论上是的。有了钱，可以买到所有可以用钱买到的东西，拥有了这些东西，自然就不会有想拥有而求之不得的苦恼。然而，这只是个理论。理论之外不乏一些不成理论的事实。最明显的一点就是有些人有很多钱，但同样不开心。还有些人，自己或许很开心，比如笑容灿烂的“表哥”，但正因为他自己过于开心，从而导致了一家人不开心，甚至导致了全国人民不开心。

关于这种种不开心，我们可以归结为两个字——钱病。所谓心病还需心药医，钱病自然需要《钱本草》来医。

《钱本草》是中国古代的一篇奇文，作者为唐人张说，官至朔方节度使，可谓位高权重。那么张节度使为什么要写这样一篇奇文呢？这篇奇文又讲了些什么？奇在哪里呢？盖因张节度使在任期间好物贪财，敛钱好利，结果最后东窗事发，被贬到岳阳做了个地方小官。大难不死的张说开始有所醒悟，认识到人固然离不开金钱，但人绝不能做金钱的奴隶，否则就会被金钱所害，于是就写下了奇文《钱本草》。

《钱本草》全文如下：

钱，味甘，大热，有毒。偏能驻颜采泽流润，善疗饥寒，解困厄之患立验。能利邦国、污贤达、畏清廉。贪者服之，以均平为良；如不均平，则冷热相激，令人霍乱。其药，采无时，采之非理则伤神。此既流行，能召神灵，通鬼气。如积而不散，则有水火盗贼之灾生；如散而不积，则有饥寒困厄之患至。一积一散谓之道，不以为珍谓之德，取与合宜谓之义，无求非分谓之礼，博施济众谓之仁，出不失期谓之信，入不妨己谓之智。以此七术精炼，方可久而服之，令人长寿。若服之非理，则弱志伤神，切须忌之。

此文翻译成现代文就是：

金钱这味药材，味甜、性热、有毒，却能预防衰老，驻容养颜。在治疗饥饿、寒冷，解决困难方面，更是效果明显。它可以有利于国家和百姓，可以污损贤达，唯一害怕的只有清廉。贪婪之人服用时以不过分为好，否则就会因冷热不均引发霍乱。金钱这味药材没有固定的采摘时节，不合时宜地采摘会使人精神损伤。如果只积攒、不发散，会有水、火、盗贼等灾难。如果只发散、不积攒，会有饥寒、困顿等祸患，只有边积攒、边发散，才是金钱的大道。不把钱当作珍宝称为德，取得、给予都适宜称为义，使用正当称为礼，接济大众称为仁，支出有度称为信，得不伤己称为智。用此七种方法精炼此药后，才可长久服用，从而延年益寿。如服用不得法，则会智力减弱、精神损伤。以上种种，千万不要掉以轻心。

张说为什么要说“钱”味甜呢？很简单，钱这东西人人喜爱，有了钱心里都会甜滋滋的。至于“大热、有毒”的特征，更是准确生动，入木三分。钱虽然不可或缺，让人甘之如饴，但对钱的追求要有度，要讲道。超出了度，偏离了道，便会让人变得疯狂。挖空心思往钱眼儿里钻，从而导致“大热”，成为金钱的奴隶，整天为钱着急上火（发热）。此外，是药三分毒，而钱的毒性尤甚，服用过量便会产生毒副作用，或者身心俱疲，家庭不和，或者锒铛入狱，命断黄泉。

接下来，张说为我们分解了钱的药理：钱一般分为小钱和大钱两种。小钱能“疗饥”，解人燃眉之急，救人于水深火热之中；大钱则能“利邦国”，让国家富强起来。但金钱这种药材不像大力丸那样，有病治病，无病强身。金钱往往玷污毁掉那些不缺钱，却想更多地占有金钱的达官贵人们的名声气节和前程。除非他们是清廉之士。尤其需要提醒的是那些贪心的人，服用金钱这味药材时一定要谨慎，否则就会陷入困境。轻则如炒股者，被套血本无归；重则如身居高位，却贪欲难抑，重演历史上贪官们的杀身悲剧。另外，钱是流动的东西。钱多的人，最好将多余的钱财用于社会，否则自身不会太好受，社会也不会太平。也就是说，不管由于什么原因，社会贫富差距都不宜过大。

其后，张说又着重介绍了钱的采收，强调钱要取之有道，不能乱捞，不然神灵便要降罪，天怒人怨。不仅采收要得宜，还要学会花钱。如果只知道攒钱，就会有人惦记；如果花钱如流水，贼人倒是不惦记了，但自己的衣食住行也会成为问题。所以对待花钱，既要学会节俭，又要学会把钱花到刀刃上，节流开源，量入为出，这样才能求得生活与金钱的平衡。

在文章的最后，张说又告诫世人，获取钱财要讲“道、德、义、礼、仁、信、智”，此所谓“君子爱财，取之有道”。如果一个人能够在讲究“七术”的基础上，获取钱财，那么就会在金钱的助益下延年益寿，不然就会“弱志伤神”。

综合看来，张说的《钱本草》并没有因为时间的推移而丝毫失效，尤其是对于当今社会越来越多的金钱至上论者来说，不啻灵丹妙药。

5. 没有钱更应该快乐

在国际上，有一个关于黄金的悖论：人们费尽千辛万苦，把黄金从地下挖出来，冶炼好，最终又往往把它们送回地下金库保存。关于金钱也是如此，人们赚钱，本来是为了改善生活质量，这包括物质方面的，也包括精神方面的，但看看这个世界，不管有钱的，还是没钱的，不管是赚到钱的，还是正在赚钱中的，都在为钱烦恼。

曾有一位内地学者去香港一位朋友家作客，这位朋友绝对称得上富有，因此款待之后，朋友毫不见外将学者领到自己在银行的保险箱里，让学者一睹自己的金宝珠玉加美钞。经过层层鉴别，再由守卫护送到保险库，学者总算见到了那些价值不菲的金银珠宝。但他只看了一眼，就淡淡地问："这是你的？就这么一点点吗?"

朋友听了这话很不痛快。这么多的财产，还说一点点？当然最重要的是，对方竟然说它不是我的?

疑惑间，学者解释道："这些珠宝你不敢拿回家，拿回家怕小偷；也不敢戴在手上，怕人抢劫。只好放在银行保险柜里，一个星期去打开看一下。怎么能算是自己的？如果这样算是自己的，那香港所有银楼都是我的。为什么？我到那里，叫人拿出来给我看看、摸摸，收起来，给我保管好。这有什么两样？当然，从法律上讲，它们是属于你的；但是从哲学上讲，你反倒是属于它们的。因为你控制不了它，反倒为其所控。”

著名国学大师傅佩荣也说过，拥有就是被拥有。一个人拥有的越多，就越不是他自己。因为人拥有的越多，就越没有时间做自己。拥有的东西愈多，注意力就愈分散，思考势必减少，生命内涵就更少，以至最终被拥有物所拥有，成为拥有物的奴隶。

傅先生举例说：比如我拥有一部车子，就等于我被这辆车子所拥有，因为我必须时常担心：“我的车有没有被拖走？停车费还没缴怎么办？”又如我有一个朋友，他很辛苦地工作赚钱，以前租房子，后来终于自己买了一栋房子。他拥有了这栋房子，同时也被这栋房子所拥有。后来他拼命赚钱，买了五栋房子，从此以后就更累了，因为他一个月有一半时间都在烦恼房子的问题：租给别人怕收不到租金，收到租金又担心别人以后不肯搬走，景气不好的时候还忧虑房子跌价，然后每年还要缴一堆税金。几年辛苦下来，生活品质反倒下降了。

很明显，这绝不意味着只有那些一无所有的人才是自由人，而是提醒我们无须拥有那些无须拥有的东西。我们所拥有的，应当是我们所能掌控或者说对我们有意义的。相比古人，现代人生活条件可谓天壤之别。有些古代皇帝都享受不到的物质，现代普通百姓都能享受到。但为什么大部分人仍然活得如古人所说的“不如意事常八九”？除了天灾人祸不可避免外，其余大多数的不如意，其实都是自找的。要么为拥有太少而难受，要么为拥有太多变成了物的附庸。人们，包括亲人之间相互交往，也往往以金钱为目的，嘴上称哥道姐，骨子里却除了冷漠和功利什么都没有。就算把他们安置在金库中，其灵魂也得不到安顿。

当然，相对于那些因为拥有太多而烦恼的人来说，更应得到关注的是那些谈不上拥有什么的人。贫富差距加大，且正在进一步扩大，这是无法回避的事实。如果说拥有太多的人烦恼的话，那么在这个喝水都需要付钱的时代，没有钱则是一种痛苦。

然而，我们是不是可以试着这样想一想呢？我们都没有钱了，还要进一步连快乐也不要吗？千万别，愚痴的人才那样。也不要仇恨财富。其实财富和权力、才华等等，都是人生的高峰一座，它为那些拥有财商的人提供了最恰当的上升通道，有助于其实现人生价值。这样，社会就不会像古代社会那样，唯权力是图，唯读书为高。整个社会就会像一个万峰攒动的山脉，有人有地位（主要指政治方面），有人有财富，有人有才华，有人有品格，有人有快乐。要言之，没有钱，更应该快乐。不然，你就有可能占领不了人生的任何高地。但其实占领快乐这座高地一点儿都不难，你只需要暂时忽略财富、权力等等。此外，占领了快乐这一人生高地，时刻保持乐观的心态，还有助于我们向着人生其他高地大踏步进发。这一点，正如领航资本董事总经理杨镭所说："性格决定了我的成功。在生活中，我 95％的时间处于高兴的状态。不管遇到什么事，只要一回房间，我就能一觉睡到天亮，上高中之后我就从来没有失眠过。"

这么说，我们又回到了励志的老路上。然而，励志并不适合所有人。对有些人来说，励志是一种残酷，或者说是一种无奈，比如那些已经饱经风霜、本该老有所乐的人。对有些人来说，励志则是一种蛊惑，弄不好，就会害了他们，比如那些心理不健全，只能接受成功不愿面对失败的人。这样的人，在心态转变之前，最好不要去励志，或许他们更适合知足常乐的小日子。

没有钱更应该快乐——这并不是单纯的自我安慰。中国人大多有个桃花源情结，向往陶渊明所描述的那种没有战争、没有赋税的幸福生活。其实冷静想想，当今世界的绝大多数人不就在过着这样的日子吗？或许，我们真的没有钱，有相应的生存压力，但我们不能为此而不快乐，相反，我们需要的恰恰是化压力为动力，而快乐，正是不可或缺的转化剂。

逆袭，始于微笑。无论如何，保持微笑。那些能够始终保持乐观心胸的人，其实早已挖掘到了人生中最大的财富。相比来说，世俗概念中的财富即真金、白银、房子、车子，都只是陪衬而已。